"진짜 원어민들이 자주 쓰는 회화 표현이
기초 동사 몇 개로 다 정리된다니!
이젠, 회화 표현들이 저절로 떠올라서,
영어로 말하는 게 망설여지지 않는다!"

-40대 중반 영포자-

# 목차 여행영어 편

# 매일 10분 기초 동사만으로
# 영어회화가 된다?!

## 『 원어민들은 쓰는 말만 쓴다 』

미국의 언어학자 조지
지프(George Kingsley
Zipf)는 사람들이 매일
사용하는 말들의 빅 데이
터들을 분석해 본 결과,
놀라운 사실을 알게 됐다.

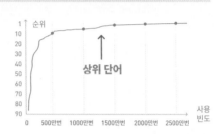

사람들이 사용한 단어들
을 빈도에 따라 나열해보면, **자주 쓰이는 소수의 단어들이 말의 대부분을 차지
한다**는 것이다! 그는 이를 지프의 법칙(Zipf's law)이라고 이름 지었는데, 결론
은 간단하다. 원어민들은 '쓰는 말만 쓴다'는 것이다.

이 책에서 소개할 기초 동사들(생활영어 26개, 여행영어 27개)도 원어민들이
실생활에서 매일같이 쓰는 동사들을 엄선한 것이다. 구체적으로, 4억 5천만
단어로 이루어진 빅 데이터에서 적어도 10만 번 이상 쓰인 동사들을 고르고
골랐다. 원어민처럼 일상 회화를 할 수 있게 해주는 엑기스 동사인 것이다.

## 『 쉬운 말 = 언제 어디서나 쓰는 말 』

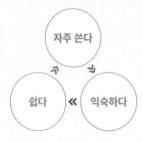

가만 보면 원어민들은 일상생활에서 쉬운
기초 동사를 유독 많이 쓴다. 생각해보면
당연하다. '쉬운' 동사란 사실, **언제 어디서나
자주 쓰여서 '친근하게, 익숙하게 들리는'**
동사들이기 때문이다. 게다가 이러한 기초
**동사들**은 대부분 '가성비'가 높은 동사들
이다. 하나의 동사에 여러 의미가 있어서,
**다양한 상황과 맥락에서 유용하게 활용할**

**수 있다**는 것이다. 그렇기에 이 동사들이 어떤 맥락에서 어떤 의미로 사용되는지만 제대로 익히면, 당신도 충분히 원어민스럽게 일상의 영어를 구사할 수 있다.

**have**

| | |
|---|---|
| **일상생활** | (사람이) 어떤 성격이나 특성을 가지다 |
| **감정 표현** | (어떤 시간이나 시기를) 보내다, 겪다 |
| **식당** | (주문 메뉴를) 먹다, 마시다 |
| **상점** | (제품이나 물건이) 있다 |

## " 맥락을 알면 **의미가 보인다** "

기초 동사들이 다양한 의미를 갖고 있다고 겁먹을 필요는 없다. 굳이 외우려고 할 필요가 없기 때문이다. 아래 예시를 보자.

---

식당에서 주문할 때

I'll **have** a chicken steak.

치킨 스테이크 가질게요. » 치킨 스테이크 **먹을게요.**

---

쇼핑할 때

Do you **have** this product?

이 제품 가지고 있어요? » 이 제품 **있어요?**

---

'have'의 의미가 각각 다르게 사용되었지만, 주변 맥락이나 상황만 살펴보아도 그 의미가 쉽게 짐작이 된다. 상황과 맥락만 잘 상상할 수 있어도, 다양한 의미를 지닌 기초 동사들을 쉽게 익힐 수 있는 것이다. 상황을 뚜렷이 이해할수록 기초 동사의 의미를 정확히 짚어낼 수가 있다.

# 훈련 매뉴얼

## Step
### 1 상황별 동사 활용법 학습

각 DAY에는 기초 동사 1, 2개가 소개된다. 기초 동사의 다양한 의미 중에서도, 챕터에서 다루는 상황 맥락에서 가장 자주 사용되는 의미와 활용법이 해설되어 있다. 각 설명을 읽고, 기초 동사의 상황별 활용법과 대표 표현들, 함께 자주 쓰이는 단어들을 한데 묶어 기억하자.

머릿속에 기초 동사의 상황별 의미 서류철을 만든다고 생각하면 쉽다. 예를 들어 식당에서 사용되는 'have'는 '먹다'라는 의미로 자주 쓰는데, have라는 서류 뭉치에 '식당, 주문 상황 - I'll have the combo.' 등의 내용을 엮어 두면 된다.

## Step
### 2 상황 회화로 맥락 파악

주어진 두 쌍의 대화문을 읽고, 각각의 상황에 알맞게 기초 동사를 활용하여 영문장을 만들어 넣어보자. 기초 동사의 상황별 활용법을 실전 상황에서 직접 훈련해본다고 생각하면 쉽다. 표지의 QR코드를 통해 원어민 MP3 음원을 다운로드하여 들어보면, 대화문의 내용을 영화 속 장면처럼 머릿속에 생생히 떠올릴 수 있다.

Scene **#2** 내 입맛은 소중하니까

A **I'd like a cheeseburger with ex**

B And 그것이 어떻게 조리되기를 원하시

A Medium-rare. Hold the onions.
And actually, 세트 메뉴로 먹을게요

B Very well. **Would you like anyth**

A No, that's it.

해석
A 치즈버거에 치즈를 추가해서 먹고 싶어요.
B 그럼 어떻게 cook 하시겠어요?
A 미디엄 레어요. 양파는 빼 주시고요.
그리고 실은, I'll have the combo.
B 잘 알겠습니다. 그 외에 다른 걸 원하시나요

---

| DAY 06 | 먹고 마실 때 **have & like** |
|---|---|

**have**
430번 출제

음식을 주문할 때 '먹다'라는 뜻으
동사. 'I'll have ~ ~로 먹을게요'와
라는 기본 뜻 외 식당에 뭐가 있는
쓰인다. 'Do you have ~? ~가 있나

○ **가지고 있다**
Do you **have** any vegetar
여기 채식 메뉴 있나요?

We **have** a table for you b
(당신 자리로) 바 옆 테이블이 준비돼

○ **먹다**
I'll **have** the combo.
세트 메뉴로 먹을게요.

I'll **have** what she is havi
그녀가 먹고 있는 걸 먹을게요.

Step

# 3 동사별 문장 훈련

페이지를 넘기면 그날 배운 기초 동사들을 활용한 문장 훈련 코너가 나온다. 일상생활에서 원어민들이 가장 자주 쓰는 표현들, 유용하게 활용할 수 있는 표현들을 모아 두었다. 이 실전 표현들을 통해, 기초 동사의 상황별 활용법을 직접 문장을 만들어보며 훈련해보자. 원어민 MP3 음원을 함께 들으며 억양까지 흉내 내보면 학습 효과가 배가 된다.

실전 상황에서 즉석으로 영작할 수 있도록 훈련하는 단계인 만큼, 끊임없이 '실제 내가 외국에서 그 상황에 처한다면 어떻게 말해야 할까?'라고 자문하고 상상하며 훈련해보자.

---

Step

# 4 상황별 동사 활용법 정리

모든 DAY를 마치고 나면 부록 '기초 동사 활용 한눈에 보기' 코너를 공부해보자. 앞서 배운 모든 기초 동사들의 상황별 활용법이 정리되어 있다. 기초 동사들을 적재적소에서 자유롭게 쓰게 된다면, 어느덧 네이티브의 영어 실력에 가까이 다가가 있을 것이다.

---

**have 문장 훈련**

◎ **가지고 있다** have + 시설, 메뉴 등
◎ **먹다** have + 주문하는 메뉴

01  혹시 채식 메뉴가 있나요?
  ↳ Do you **have** any vegetarian f

02  어떤 종류의 디저트가 있나요?
  ↳ What kind of dessert do you **h**

03  네 명 자리 있나요?
  ↳ Do you **have** a table for four?

안심 스테이크 대신 티본 스테이크를 먹을

"영어회화를 잘하는 것은
어려운 영어를 쓰는 것이 아니다.

실제 원어민들이 사용하는 **대부분**의 영문장은
**자연스럽고 쉬운 영어**로 이루어져 있다.

**66 매일 10분, 기초 동사를 마스터해라! 99**

어느새 영어회화의 말문이 터지고,
네이티브 같은 영어표현들이 막힘없이 나온다."

**Chapter 1**

# 숙박할 때

**9개 기초 동사면 영어로 원어민처럼 숙박 시설을 이용할 수 있다!**

Our hot water is not **working**.
저희 뜨거운 물이 나오질 않아요.

I think I'**m** locked out.
아무래도 방에 못 들어가게 된 것 같아요.

Do you still **have** any vacancies tonight?
오늘 밤 아직 빈방이 있나요?

숙박할 때
# make & have

# make

85.7만번

'make a reservation for ~을 예약하다'라는 표현에서 자주 쓰는 동사. 숙소를 잡을 때 빠질 수 없는 표현이다. 예약을 할 땐 I'll make~나 Can I make~?, 예약을 확인할 땐 I made~라고 하면 쉬우면서도 자연스러운 표현이 된다.

**◎ 예약을 하다**

(make a reservation)

Can I **make** a reservation for this weekend?
이번 주말로 예약할 수 있나요?

I **made** a reservation for a single room a week ago.
일주일 전에 1인용 방을 예약했어요.

---

**Plus** 같은 뜻의 동사 book을 써도 된다.

I **booked** a single room online yesterday.
어제 인터넷으로 1인용 방을 예약했어요.

# have

430만번

'갖고 있다'라는 뜻의 동사. 숙소나 객실에 어떤 것이 구비되어 있는지를 물을 때 유용하게 쓰인다. '남는 방이 있나요?', '방에 와이파이가 있나요?'와 같은 질문에 다 have를 써보자. 손쉽게 숙소와 객실에 대한 정보를 캐물을 수 있다.

**◎ 가지고 있다**

We **have** some rooms available.
이용 가능한 방(=남는 방)이 몇 개 있습니다.

Do you **have** Wi-Fi in the rooms?
방에 와이파이가 있나요?

Do you **have** a single room with an ocean view?
바다 전망의 1인용 방이 있나요?

The room **has** AC, right?
방에 에어컨이 있죠, 그렇죠?

## Scene #1  바다가 보이는 방이래!

A 이번 주말로 예약할 수 있나요?

B Yes, sir. We **have some rooms available**. ⊙ available 이용 가능한
What kind of room are you looking for? ⊙ look for 찾다

A 바다 전망의 1인용 방이 있나요?
Oh, do you **have Wi-Fi in the rooms**, too?

B Yes. We have a single room with an ocean view and Wi-Fi.

해석
A Can I make a reservation for this weekend?
B 네. **이용 가능한 방이 몇 개 있습니다.** 어떤 종류의 방을 찾으시나요?
A Do you have a single room with an ocean view?
**아, 방에 와이파이도 있는지요?**
B 네. 바다 전망과 와이파이가 있는 1인용 객실이 있습니다.

## Scene #2  예약하셨나요?

A 일주일 전에 1인용 객실을 예약했는데요.

B Oh, let me check. Your name is...?

A Gwang-Ho Park. That's P-A-R-K Park.

B Thank you, sir. Your room number is 506.

A Thanks. 방에 에어컨이 있죠, 그렇죠? ⊙ AC = air conditioner

B Of course, sir. Enjoy your stay!

해석
A I made a reservation for a single room a week ago.
B 오, 확인해 볼게요. 성함이...?
A 박광호입니다. P-A-R-K 박이에요.
B 감사합니다. 방 번호는 506호입니다.
A 고마워요. The room has AC, right?
B 당연하죠, 선생님. 좋은 시간 보내세요!

# make 문장 훈련 💬

**◎ 예약을 하다** make a reservation
=book

---

01 1인용 방 하나를 예약하겠습니다.

↳ I'll **make** a reservation for a single room.

02 이번 주말로 예약할 수 있나요?

↳ Can I **make** a reservation for this weekend?

03 '루이스'라는 이름으로 예약을 했어요.

↳ I **made** a reservation with the name 'Louis'.

04 실은, 바다 전망의 스위트룸으로 예약을 했는데요.

↳ Actually, I **made** a reservation for a suite with an ocean view.

☑ suite 스위트룸

05 7월 13일에서 17일까지 예약을 하고 싶습니다.

↳ I'd like to **make** a reservation for July 13th to 17th.

☑ would(='d) like to ~하고 싶다  ≫ DAY 03 참조

06 침대가 두 개인 바다 전망의 방을 예약했는데요.

↳ I **booked** a twin room with an ocean view.

☑ a twin room 침대가 두 개인 방  a double room 큰 침대가 하나 있는 방

# have 문장 훈련

● **가지고 있다** have + 시설, 물품 등

---

07 공항으로 가는 셔틀이 있나요?

↳ Do you **have** a shuttle to the airport?

........................................................

08 오늘 밤 아직 빈방이 있나요?

↳ Do you still **have** any vacancies tonight?

☑ still 아직도  vacancy 공실

........................................................

09 혹시라도 더 싼 방이 있나요?

↳ Do you by any chance **have** a cheaper room?

☑ by any chance 혹시라도  cheaper 더 싼

........................................................

10 방에 냉장고가 있나요?

↳ Does the room **have** a fridge?

☑ fridge 냉장고
➕ freezer (얼음을 얼릴 수 있는) 냉동고

........................................................

11 방에 무료 와이파이가 있나요?

↳ Do you **have** free Wi-Fi in the rooms?

........................................................

12 룸서비스가 있나요?

↳ Do you **have** room service?

➕ turndown service (투숙객이 나간 사이의) 객실 정돈 서비스

........................................................

숙박할 때
# work & get

## work

**31.8**만번

'작동하다'라는 뜻의 동사. 숙소나 객실 시설의 고장 여부를 쉽게 표현할 수 있다. 뜨거운 물이 안 나올 때, 에어컨이 안 될 때, 끙끙 앓지 말고 work를 써보자. work 하나만으로도 웬만한 시설에 대한 고장 신고는 다 할 수 있다.

**작동하다**

Our hot water is not **working**.
저희 뜨거운 물이 나오질 않아요.

The air conditioner doesn't **work**.
에어컨이 작동하지 않아요.

The elevator is currently not **working**.
현재 엘리베이터가 작동하지 않습니다.

## get

**99.2**만번

'얻다'라는 뜻의 동사. 객실에 제공되는 물품 및 서비스를 얻고자 할 때 유용하게 쓸 수 있는데, 이땐 'Can I get 물품, 서비스?'라고 물으면 쉽다. 물품과 시설을 확인, 수리, 교체해 달라고 요청할 땐 'get + 시설 + 과거분사'로 써보자.

**얻다**

Can I **get** some extra towels?
수건을 좀 더 얻을 수 있을까요?

Can I **get** a wake-up call tomorrow morning?
내일 아침 모닝콜을 받을 수 있을까요?

**~하게 하다**

I will **get** it checked right away.
바로 확인되게 하겠습니다(=바로 확인하겠습니다).

Would you **get** the AC fixed ASAP?
가능한 한 빨리 에어컨(=air conditioner)을 고쳐주실래요?

☐ ASAP(as soon as possible) 가능한 한 빨리

## Scene #3 뜨거운 물이 안 나와요!

A  Hello? It's room #506.
   **저희 뜨거운 물이 나오질 않아요.**

B  I am so sorry, miss.
   **바로 확인하겠습니다.**

A  Thanks. And can I **get some extra towels**, too?

B  Yes, miss. Also, you can use the shower in our hotel spa,
   for an extra fee. ◦ extra fee 추가 요금

해석  A  여보세요, 여기 506호인데요.
        Our hot water is not working.
     B  죄송합니다, 손님. I will get it checked right away.
     A  감사합니다. 그리고 **수건도 좀 더 얻을 수 있을까요?**
     B  네, 손님. 추가 요금을 내시면 저희 호텔 스파의 샤워실도 이용하실 수 있습니다.

## Scene #4 걸어서 올라가라고?!

A  Sorry, but when does the hotel spa open?

B  It opens at 7:30 in the morning.

A  Oh, then **내일 아침 모닝콜을 받을 수 있을까요?** ◦ wake-up call 모닝콜

B  Very well, sir. For your information, ◦ For your information(FYI)
   **현재 엘리베이터가 작동하지 않는데요,**            참고로
   but **it will be working** soon enough.

해석  A  죄송한데 호텔 스파는 언제 여나요?
     B  아침 7시 30분에 열립니다.
     A  오, 그렇다면 can I get a wake-up call tomorrow morning?
     B  잘 알겠습니다, 선생님. 참고로, the elevator is currently not working,
        하지만 **곧 작동할 거예요.**

# work 문장 훈련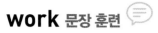

● **작동하다** 시설 + work

---

01 여기 변기 물이 안 내려가네요.

↳ The toilet doesn't **work** here.

☑ toilet 화장실; 변기

---

02 자판기 지금 작동 중인가요?

↳ Is the vending machine **working** now?

---

03 선생님, 에스컬레이터가 지금은 작동하지 않습니다.

↳ The escalator is currently not **working**, sir.

☑ currently 현재로서는

---

04 저희 난방기 곧 작동되기는 하는 걸까요?

↳ Will our heater be **working** anytime soon?

⊕ anytime soon은 '이거 정말 금방 되는 거죠?'라는 뉘앙스로 따져 물을 때 자주 쓴다.

---

05 이 층에 있는 세탁기는 금방 작동할 것입니다.

↳ The washing machine on this floor will be **working** soon enough.

⊕ soon enough는 '금방 되어서 불편치 않을 거야'라는 뉘앙스로 답변해줄 때 자주 쓴다.

---

06 도대체 이 에어컨은 언제 작동합니까?

↳ When on earth will this AC **work**?

☑ on earth 도대체

---

# get 문장 훈련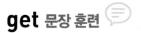

● **얻다** get + 물품, 서비스
● **~하게 하다** get + 시설 + 과거분사

---

07    제 방의 와이파이 비밀번호를 얻을 수 있을까요?

↳ Can I **get** the Wi-Fi password for my room?

- - - - - - - - - - - - - - - - - - - - - - - - - - - - - - - - - - - - - - - - -

08    세탁기에 쓸 25센트짜리 동전은 어디에서 구할 수 있을까요?

↳ Where can I **get** some quarters for the washing machine?

☑ quarter 25센트짜리 동전

- - - - - - - - - - - - - - - - - - - - - - - - - - - - - - - - - - - - - - - - -

09    내일 퇴실 시간 연장 서비스를 받을 수 있을까요?

↳ Could I **get** a late check-out tomorrow?

➕ late check-out 퇴실 시간을 조금 연장하는 서비스

- - - - - - - - - - - - - - - - - - - - - - - - - - - - - - - - - - - - - - - - -

10    방에 베개를 하나 더 얻었으면 해요.

↳ I'd like to **get** one more pillow for my room.

- - - - - - - - - - - - - - - - - - - - - - - - - - - - - - - - - - - - - - - - -

11    가능한 한 빨리 난방기를 확인해주시겠어요?

↳ Would you **get** the heater checked ASAP?

☑ ASAP(=as soon as possible) 가능한 한 빨리
➕ light 조명   fridge 냉장고   shower 샤워기

- - - - - - - - - - - - - - - - - - - - - - - - - - - - - - - - - - - - - - - - -

12    침대보를 교체해주시면 좋겠네요.

↳ I'd like to **get** my bed sheets changed.

➕ bed sheets 침대보   pillow covers 베갯잇

- - - - - - - - - - - - - - - - - - - - - - - - - - - - - - - - - - - - - - - - -

17

숙박할 때
## like & need

# like

18.2만번

'~하면 좋겠다, ~을 원하다'라는 뜻으로 자주 쓰이는 동사. '~하고 싶은데요, ~이 좋겠네요'라는 뉘앙스로 요청사항을 말할 때 쓰면, 정중하면서도 부드러운 표현이 된다. 이땐 항상 would(='d) like의 형태로 쓰인다.

**~하고 싶다**

I'd **like** to check in to my room.
방에 체크인하고 싶은데요.

I'd **like** you to keep my luggage.
제 짐을 맡아주셨으면 좋겠어요.

**원하다**

I'd **like** a wake-up call at 6:30.
6시 30분에 모닝콜을 받고 싶어요.

I'd **like** a room with an ocean view.
바다 전망의 객실을 원해요.

# need

27.6만번

'~이 필요하다, 꼭 ~해야 된다'라는 뜻으로 자주 쓰이는 동사. 조금 어려운 요청을 해야 한다고 느껴질 때, '제가 꼭 ~해야 해서요, 제가 ~가 꼭 필요해서요'와 같은 뉘앙스로 본인의 사정을 설명해보자.

**~이 필요하다**

I **need** some help with my luggage.
제 짐에 관해 도움이 좀 필요해요.

I do not **need** this suitcase in my room.
방에서 이 여행가방이 필요하지 않은데요.

**꼭 ~해야 된다**

I **need** to get up early tomorrow.
전 꼭 내일 아침에 일찍 일어나야 해요.

I **need** to be at the airport by 4 p.m.
저는 꼭 4시까지 공항에 가야 해요.

## Scene #5  모닝콜 좀 해주세요.

**A** **방에 체크인하고 싶은데요.**  ◦ check in 입실하다 ↔ check out 퇴실하다

**B** Welcome, sir. Here is the key for room #203.
Is there anything else?

**A** Oh, actually I **need to get up early** tomorrow.
So, **6시 30분에 모닝콜을 받고 싶어요.**  ◦ wake-up call 모닝콜

**B** A wake-up call at 6:30 to room #203... Very well!

해석  A  I'd like to check in to my room.
   B  손님, 어서 오세요. 여기 203호 열쇠입니다. 더 필요한 건 없으세요?
   A  오, 실은 제가 내일 일찍 일어나야 해서요.
      그래서 I'd like a wake-up call at 6:30.
   B  6시 30분 203호에 모닝콜... 잘 알겠습니다!


## Scene #6  이 짐을 왜 들고 왔지...

**A** **제 짐에 관해 도움이 좀 필요해요.**  ◦ luggage 짐, 수하물

**B** Oh, what can I do for you?

**A** Actually, **방에서 이 여행가방이 필요하지 않은데요,**  ◦ suitcase
여행용 가방
but it's really, really heavy.

**B** Oh, we can keep that until you check out.  ◦ keep 보관하다

**A** That would be great.

해석  A  I need some help with my luggage.
   B  오, 무엇을 도와드릴까요?
   A  실은, I do not need this suitcase in my room,
      그런데 이게 정말, 정말 무거워요.
   B  오, 퇴실하실 때까지 저희가 보관해드릴 수 있어요.
   A  그게 좋겠네요.

# like 문장 훈련 💬

❷ **~하고 싶다** would like to 동사
❷ **원하다** would like + 명사

---

01 방을 바꾸고 싶은데요.

↳ I'd **like** to change my room.

. . . . . . . . . . . . . . . . . . . . . . . . . . . . . . . . . . . . . . . . . . . . . .

02 내일 호텔 스파를 사용하면 좋겠는데요.

↳ I'd **like** to use the hotel spa tomorrow.

. . . . . . . . . . . . . . . . . . . . . . . . . . . . . . . . . . . . . . . . . . . . . .

03 베갯잇을 바꾸고 싶은데요.

↳ I'd **like** to get my pillow covers changed.

. . . . . . . . . . . . . . . . . . . . . . . . . . . . . . . . . . . . . . . . . . . . . .

04 여기 전등을 확인해주시면 좋겠어요.

↳ I'd **like** you to get a light checked in here.

. . . . . . . . . . . . . . . . . . . . . . . . . . . . . . . . . . . . . . . . . . . . . .

05 큰 침대가 있는 방 하나를 원해요.

↳ I'd **like** a room with a double bed.

➕ a double bed (두 명이 잘 수 있는) 큰 침대
twin beds 1인용 침대 한 쌍
a single bed 1인용 침대

. . . . . . . . . . . . . . . . . . . . . . . . . . . . . . . . . . . . . . . . . . . . . .

06 픽업 서비스를 원하시나요?

↳ Would you **like** a pick-up service?

➕ a pick-up service 투숙객을 공항에서 맞이하여 숙소로 모셔가는 서비스

. . . . . . . . . . . . . . . . . . . . . . . . . . . . . . . . . . . . . . . . . . . . . .

# need 문장 훈련

◑ ~이 필요하다  need + 명사
◑ 꼭 ~해야 된다  need + to 동사

---

07 제 방 침대와 관련해 도움이 좀 필요합니다.

⤷ I **need** some help with the bed in my room.

........................................................

08 제 짐이 다시 필요해요.

⤷ I **need** my luggage back.
☑ back 다시

........................................................

09 우리는 내일 꼭 공항 셔틀을 이용해야 합니다.

⤷ We **need** to use the airport shuttle tomorrow.

........................................................

10 저는 꼭 4시까지 공항에 가야 해요.

⤷ I **need** to be at the airport by 4 p.m.

........................................................

11 우리는 꼭 와이파이에 접속해야 해요.

⤷ We **need** to have Wi-Fi access.
☑ access 접근, 접속

........................................................

12 그 레스토랑은 아마 예약해야 할지도 몰라요.

⤷ You might **need** to make a reservation for that restaurant.
☑ might 아마 ~할지도 모른다

........................................................

# DAY 04

## be & look

# be

1254만번

'어떠하다'라는 뜻의 동사. 객실이나 시설의 상태를 표현할 때 유용하게 쓸 수 있다. 과거분사와 함께 수동형 문장에서도 자주 쓰인다. 특히 '요금이 청구**되다**, 세금이 포함**되다**' 등의 요금 관련 표현에 쓰이니 꼭 알아 두자.

### ⊙ 어떠하다

Our room **is** a little cold.
우리 방이 좀 춥네.

Our hotel gym **is open** 24 hours.
저희 호텔 헬스클럽은 24시간 열려 있습니다.

### ⊙ 되다

I think I**'m locked out**.
아무래도 방에 못 들어가게 된 것 같아요.

☒ locked out 밖에 갇힌 → (열쇠를 두고 잠가) 안으로 못 들어가게 된

A lost key fee of $5 would **be charged**.
열쇠 분실 비용 5달러가 청구될 것입니다.

# look

49.1만번

'~하게 보이다'라는 뜻의 동사. 역시나 객실이나 시설의 상태를 표현할 때 유용하게 쓰인다. 또한 '무엇을 찾다'라는 뜻의 look for라는 표현에서도 자주 쓰인다. 어떤 방을 원하는지를 말할 때, 숙소 내 시설을 찾으러 다닐 때 써보자.

### ⊙ ~하게 보이다

The hotel gym **looked** quite nice!
호텔 헬스클럽이 꽤나 좋아 보였어!

The bed **looks** a little bit **small** for two of us.
침대가 우리 둘에게는 좀 작아 보여요.

### ⊙ ~을 찾다

I was **looking for** the key to my room.
제 방 열쇠를 찾고 있었어요.

What kind of room are you **looking for**?
어떤 종류의 방을 찾으시나요?

## Scene  #7 　호텔 헬스장에나 가볼까?

A 　**우리 방이 좀 춥네** right now.

B 　Yeah... Oh, **호텔 헬스클럽이 꽤 좋아 보였어!**
　　Would you like to warm ourselves up? ● warm up 몸을 풀다

A 　Why not? Let me ask the front desk. ● Why not? 안 될 거 없지!
　　Hello? **Is** the hotel gym **still open**?

C 　Yes, our hotel gym **is open 24 hours**.

해석　A 　Our room is a little cold 지금.
　　　B 　맞아... 오, the hotel gym looked quite nice!
　　　　　우리 몸 좀 풀까?
　　　A 　안 될 거 없지! 내가 프런트에 물어볼게.
　　　　　여보세요? **아직 호텔 헬스클럽이 열려 있나요?**
　　　C 　네, 저희 호텔 헬스클럽은 **24시간 열려 있습니다.**

## Scene #8 　열쇠를 안에 두고 나왔어!

A 　**제 방 열쇠를 찾고 있었는데요.**
　　But I think **I'm locked out**.

B 　Oh, your room number is...?

A 　803. If you issued a new key, would it **be free**? ● issue 발급하다

B 　No. **열쇠 분실 비용 5달러가 청구될 것입니다.** ● charge 요금을 청구하다

해석　A 　I was looking for the key to my room.
　　　　　그런데 아무래도 **방에 못 들어가게 된 것 같아요.**
　　　B 　이런, 방 번호가...?
　　　A 　803호예요. 새로 열쇠를 발급해주신다면, 그건 **무료일까요?**
　　　B 　아니요. A lost key fee of $5 would be charged.

# be 문장 훈련 💬

● **어떠하다**  be + 객실 및 시설의 상태
● **되다**  be + 과거분사

---

01  아직도 수영장이 열려 있나요?

↳ **Is** the swimming pool still **open**?

......................................................

02  여기서는 시내 전화가 무료입니다.

↳ Local calls **are free** here.
   ☑ local call 시내 전화   free 무료인

......................................................

03  이 방 꽤나 지저분하네요. 청소 좀 해주시겠어요?

↳ This room **is** quite **messy**. Would you clean it up, please?
   ☑ messy 지저분한

......................................................

04  추가 요금 또한 귀하의 계산서에 청구될 것입니다.

↳ Extra fees will also **be charged** in your bill.
   ☑ extra 추가의   bill 계산서

......................................................

05  제 방에 못 들어가게 되었어요.

↳ I'**m locked out** of my room.

......................................................

06  모든 세금과 팁이 (가격에) 포함되어 있습니다.

↳ All taxes and tips **are included**.
   ☑ included 포함된

......................................................

# look 문장 훈련

> **~하게 보이다** look + 객실 및 시설의 상태
> **~을 찾다** look for + 방, 시설

---

07 방이 생각했던 것보다 작아 보이네요.

↳ The room **looks** smaller than I thought.

................................................

08 침대가 정말 부드럽고 편안해 보여요.

↳ The bed **looks** so soft and comfy.
  ☑ comfy(=comfortable) 편안한

................................................

09 변기가 꽤 더러워 보이네요.

↳ The toilet **looks** quite dirty.
  ☑ toilet 변기; 화장실

................................................

10 프런트를 찾고 있어요.

↳ I am **looking for** the front desk.
  ➕ the concierge (호텔 프런트의) 안내인

................................................

11 저희는 덜 비싼 방을 찾고 있어요.

↳ We are **looking for** a less expensive room.
  ☑ less expensive 덜 비싼

................................................

12 저는 셔틀버스 정류장을 찾고 있어요.

↳ I'm **looking for** the shuttle bus stop.
  ☑ bus stop 버스 정류장

................................................

숙박할 때
## be & stay

# be

1254만번

앞서 '어떠하다'라는 뜻의 동사로 배웠으나, '(어디에) 있다'라는 뜻으로도 자주 쓰인다. 장소를 나타내는 표현과 함께 많이 쓰인다. there is ~, here is ~의 형태로도 자주 쓰이는데, 각각 '~이 있다, ~ 여기 있어요'라는 뜻이다.

> ### 있다
> (There is, Here is)

There **is** one single room available for you.
이용 가능한 1인용 방이 하나 있습니다.

Here **is** my credit card.
여기 제 신용카드요.

**Are** there any good cafes around here?
이곳 주변에 괜찮은 카페가 있나요?

# stay

9.6만번

'머무르다'라는 뜻의 동사. 특히 숙소 등의 장소에 '묵다'라는 의미로 자주 쓰인다. 'stay for three nights 3일 밤을 묵다'와 같이, 숙소에서 머무는 기간은 night라는 단어를 통해 표현한다. 나라나 도시와 같은 '장소'에 머무는 기간은 보통 day로 표현한다.

> ### 머무르다

How long will you be **staying**?
얼마나 오래 머무실 건가요?

I'm **staying** for three nights.
3일 밤을 묵을 겁니다.

Can I **stay** one more night?
하룻밤 더 묵어도 될까요?

---

Plus 숙소가 아닌 어떤 '장소'에
머물 땐 day로 표현

I'm **staying** here for three **days**.
이곳에 3일간 있을 것입니다.

## Scene #9 — 지금 방 있나요?

- A I want to get a room here.
- B Welcome, sir. **얼마나 오래 머무실 건가요?**
- A I'm **staying for three nights**.
- B **이용 가능한 1인용 방이 하나 있네요.** ⊙ There is ~이 있다
  Would you like to check in?
- A Yes, please. **Here is my credit card**. ⊙ Here is ~ 여기 있어요

해석
- A 여기에 방을 잡으려고 하는데요.
- B 어서 오세요, 손님. How long will you be staying?
- A 3일 밤을 묵을 겁니다.
- B There is one single room available for you.
  체크인하시겠어요?
- A 네. 여기 제 신용카드요.

## Scene #10 — 하루만 더 묵을게요!

- A **하룻밤 더 묵어도 될까요?** My flight is delayed.
- B Can I offer you another room, then? ⊙ offer ~을 제안하다
  We have a reservation for your room.
- A Yes, of course. **Here is the key**.
  **이곳 주변에 괜찮은 카페가 있나요,** by the way? ⊙ by the way 그나저나

해석
- A Can I stay one more night? 비행기가 지연됐어요.
- B 그렇다면 다른 방을 권해드려도 될까요?
  지금 계신 방에 예약이 있어서요.
- A 네, 물론이죠. **여기 열쇠요.**
  Are there any good cafes around here, 그나저나?

27

# be 문장 훈련

❯ **있다** There[Here] + be
be + 장소

---

01 저희가 방문해봐야 하는 장소들이 있을까요?

↳ **Are** there any places we should visit?

---

02 여기 *미니바 계산서가 있습니다.

↳ Here **is** the bill for the minibar.

➕ *객실 안에 주류를 모아 둔 냉장고나 선반.
마시면 금액이 청구되니 주의!

---

03 콘센트가 어디에 있나요?

↳ Where **is** the power socket?

☑ power socket 콘센트

---

04 취소 수수료가 있나요?

↳ **Is** there a cancellation fee?

---

05 길모퉁이를 돌면 바로 24시간 동전 세탁방이 있어요.

↳ There **is** a 24-hour laundromat just around the corner.

---

06 방에는 어떤 무료 세면도구가 있나요?

↳ What kinds of complimentary toiletries **are** there in the room?

☑ complimentary 무료인, 서비스로 주는   toiletries 세면도구

---

# stay 문장 훈련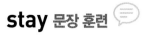

● **머무르다**  stay + 기간, 장소

---

07 머무시는 동안 몇 분이나 방에 묵으시나요?

↳ **How many people will be staying** in the
room during your stay?

➕ stay는 명사로도 쓸 수 있어요.
Enjoy your stay! (머무는 시간) 즐겁게 보내세요!

---

08 저는 방에 혼자 머물 겁니다.

↳ I'll be **staying** in the room **alone**.

---

09 저는 미국에 5일간 머물 것입니다.

↳ I am **staying** in the U.S. **for five days**.

➕ 나라나 도시와 같은 장소에 머무는 기간은 day로 표현

---

10 이곳에서 얼마나 오래 머무실 건가요?

↳ **How long** are you going to **stay** here?

---

11 이틀 밤을 더 묵고 싶습니다.

↳ I'd like to **stay** two more nights.

---

12 환승 호텔에서 머무실 수도 있습니다.

↳ You can **stay** at the transit hotel as well.

☑ transit hotel (공항 내) 환승 호텔

---

## 유용한 회화 표현 '~인 거 같아' 생각하다 패턴

흔히 의견을 제시할 때 '~인 거 같다'라고 말하는데요. 여기에 문장만
붙이면 쉽게 생각을 표현할 수 있어 '생각하다 패턴'이라고 합니다.
주관적인 인상이나 생각을 전할 때에는 동사 think, believe를 사용
합니다. 반대로, 객관적인 근거를 바탕으로 의견을 제시할 땐 It seems
that ~ '보아하니 ~인 것 같다'로 문장을 시작합니다.

**I think[believe]** one rollaway bed will do.
이동식 침대 하나면 될 것 같아요.

**It seems** that they offer free pick-up service.
보아하니 그들이 무료 픽업 서비스를 제공하는 것 같아.

한편 be afraid ~는 '(유감이지만) ~인 것 같다'의 뜻으로, 상대가 원하는
바가 불가능할 때 사용하는 조심스런 거절의 표현입니다.

A: Do you have a room available for tonight?
오늘 밤 사용 가능한 방이 있나요?

B: I **am afraid** not.
유감이지만 없네요.

### 더 다양한 문장 패턴이 궁금하다면?

지금 온라인 서점에서
[매일 10분 기초 영어 패턴의 기적]을
만나보세요!

# Chapter 2

# 먹고 마실 때

**9개 기초 동사면 영어로 원어민처럼 먹고 마실 수 있다!**

I'll **have** what she is having.
전 그녀가 먹고 있는 걸로 먹을게요.

Would you **like** to split the bill?
나눠서 계산하시겠어요?

The next round **is** on me!
다음 잔은 내가 쏜다!

>> <u>유용한 회화 표현</u> '한마디' 먹방 표현

**먹고 마실 때**

# have & like

## have

430만번 ◀

음식을 주문할 때 '먹다'라는 뜻으로 가장 자주 쓰게 되는 동사. 'I'll have ~ ~로 먹을게요'와 같이 쓴다. '가지고 있다' 라는 기본 뜻은 식당에 뭐가 있는지를 물어볼 때 유용하게 쓰인다. 'Do you have ~? ~가 있나요?'와 같이 쓴다.

**가지고 있다**

Do you **have** any vegetarian food here?
여기 채식 메뉴 있나요?

We **have** a table for you by the bar.
(당신 자리로) 바 옆 테이블이 준비되어 있습니다.

**먹다**

I'll **have** the combo.
세트 메뉴로 먹을게요.

I'll **have** what she is having.
그녀가 먹고 있는 걸 먹을게요.

## like

18.2만번 ◀

'would like ~를 원해요'의 형태로 자주 쓰는 주문 표현 이다. 'with extra cheese 치즈를 더해서'나 'well done 잘 익혀서'와 같은 표현을 추가하면, 상세한 주문 요청을 할 수 있다. '좋아하다'라는 뜻으로는 음식이나 자리에 대한 기호를 표현해보자.

**(~하게) 원하다**

I'd **like** a cheeseburger with extra cheese.
치즈버거에 치즈를 추가해서 먹고 싶어요.

How would you **like** it cooked?
그것이 어떻게 조리되기를 원하시나요?

**좋아하다**

Actually, I **like** booths in the back better.
사실, 뒤쪽 *부스 자리가 더 좋네요.

➕ *booth 칸막이로 분리된 공간이나 좌석

## Scene #1    저 쪽 자리는 어때요?

**A** I **have** an 8 o'clock **reservation for** two.

**B** Welcome, sir. Right this way.
**바 옆 테이블이 준비되어 있습니다.** ● by ~옆에

**A** **사실, 뒤쪽 부스 자리가 더 좋네요.**

**B** No problem, sir. **Have a seat.**
Your waiter will be with you shortly. ● shortly 곧, 얼마 안 있어

해석   A   8시 정각에 2명 **예약했는데요.**
　　　B   어서 오세요, 선생님. 이쪽입니다.
　　　　　We have a table for you by the bar.
　　　A   Actually, I like booths in the back better.
　　　B   문제없습니다, 선생님. 앉으시죠.
　　　　　웨이터가 곧 올 겁니다.

## Scene #2    내 입맛은 소중하니까~

**A** **I'd like a cheeseburger with extra cheese.**

**B** And **그것이 어떻게 조리되기를 원하시나요?**

**A** Medium-rare. Hold the onions. ● hold + 식재료 ~는 빼 주세요
And actually, **세트 메뉴로 먹을게요.** ● combo 세트 메뉴

**B** Very well. **Would you like anything else?**

**A** No, that's it.

해석   A   치즈버거에 치즈를 추가해서 먹고 싶어요.
　　　B   그럼 how would you like it cooked?
　　　A   미디엄 레어요. 양파는 빼 주시고요.
　　　　　그리고 실은, I'll have the combo.
　　　B   잘 알겠습니다. 그 외에 다른 걸 원하시나요?
　　　A   아니요, 그러면 됐습니다.

# have 문장 훈련 💬

❯ **가지고 있다** have + 시설, 메뉴 등
❯ **먹다** have + 주문하는 메뉴

---

01 혹시 채식 메뉴가 있나요?

↳ Do you **have** any vegetarian food?

..........

02 어떤 종류의 디저트가 있나요?

↳ What kind of dessert do you **have**?

..........

03 네 명 자리 있나요?

↳ Do you **have** a table for four?

..........

04 안심 스테이크 대신 티본 스테이크를 먹을게요.

↳ I'll **have** a T-bone steak instead of the tenderloin steak.

☑ tenderloin 안심   sirloin 등심   flat iron 부챗살
➕ try + 음식 (시험 삼아) 먹어보다

..........

05 디카페인 커피 테이크아웃해서 마실게요.

↳ Let me **have** a decaf coffee to go.

☑ decaf(=decaffeinated) 카페인을 뺀   to go 가지고 갈, 테이크아웃하는

..........

06 그걸 땅콩 빼고 먹을 수 있을까요?

↳ Can I **have** it without the peanuts?

➕ I'm allergic to ~에 알레르기가 있어요   ≫ DAY 11 참조

..........

# like 문장 훈련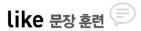

>> 진짜 네이티브 문장 들어보기
Track 12

◉ **(~하게) 원하다** would like + 음식 (+ 조리법)
◉ **좋아하다** like + 무엇

---

07    제 계란은 완숙으로 삶아 주셨으면 좋겠네요.

   ↳ I would **like** my egg hard boiled.

     ◘ hard[soft] boiled 완숙[반숙]으로 삶은   over hard[easy] 완숙[반숙]으로 프라이한
     poached 수란으로 데친   scrambled 흰자와 노른자를 섞어서 프라이한

---

08    위에 케첩을 뿌리길 원하시나요?

   ↳ Would you **like** some ketchup on top?

     ◘ Would you like ~ ≒ Would you care for ~

---

09    그것을 설탕을 넣어서 먹었으면 좋겠네요.

   ↳ I'd **like** it with sugar, please.

---

10    사이드 요리는 어떤 것으로 원하시나요?

   ↳ Which side dish would you **like**?

     ☑ side dish 사이드 요리

---

11    창가 테이블이 좋아요.

   ↳ I **like** the table near the window.

---

12    저는 고수 잎을 그다지 좋아하지 않아요.

   ↳ I don't **like** cilantro that much.

     ☑ cilantro 고수 잎

---

먹고 마실 때
# come & get

# come

62.8만번

'오다'라는 뜻의 동사. 식당에서는 '(음식, 메뉴 등이) 나오다'라는 뜻으로 자주 쓰인다. 'come with a side dish 사이드 요리와 같이 나오다, Coming right up! (주문한 음식이) 바로 나옵니다!'와 같이 쓴다.

**◐ (물건, 상품이)
  나오다**

Do these entrees **come** with a side?
이 메인 요리들은 사이드 요리와 함께 나오나요?

Yes, they **come** with soup or salad.
네, 그것들은 수프나 샐러드와 함께 나옵니다.

**Coming** right up.
(주문 음식이) 바로 나옵니다.

**◐ 오다**

Should I **come** back later?
제가 (주문을 받으러) 이따 다시 올까요?

# get

99.2만번

'얻다'라는 뜻의 동사. 식기나 주문 요리를 달라고 요청할 때 유용하게 쓸 수 있다. give처럼 목적어를 두 개 사용하면 '구해다주다'라는 뜻으로도 쓸 수 있다. 'What can I get you? 당신께 무엇을 구해드릴까요? → (음식은) 뭐로 드릴까요?'와 같이 쓴다.

**◐ 구해다주다**

What can I **get** you, miss?
무엇을 구해다드릴까요(=무엇이 필요하신가요)?

Let me **get** you some complimentary nachos with cheese.
공짜 치즈 나쵸를 가져다드릴게요.

**◐ 얻다**

Can I **get** French dressing on the side?
프렌치드레싱은 따로 받을 수 있을까요?

Could I **get** another knife?
나이프를 하나 더 받을 수 있을까요?

## Scene #3   사이드 요리도 챙겨야지!

A **What can I get you**, miss?

B Um... 이 메인 요리들은 사이드 요리와 함께 나오나요? ● entree
메인 요리

A Yes, they **come with soup or salad**.

B Then I would like spaghetti with a salad.
And 프렌치드레싱은 따로 받을 수 있을까요? ● on the side
(뿌리지 않고) 따로

A Of course! **Coming right up.**

해석 A 무엇을 가져다드릴까요, 손님?
B 음... Do these entrees come with a side?
A 네, 수프나 샐러드하고 함께 나옵니다.
B 그럼 스파게티를 샐러드하고 먹을게요.
그리고 can I get French dressing on the side?
A 물론이죠! 바로 나옵니다.

## Scene #4   앗! 내 나이프가!

A Are you ready to order or ● order 주문하다
제가 이따 다시 올까요?

B I'm ready. I'll have the chicken steak combo.

A Good choice. Is there anything else? ● = Anything else?

B Yes. 나이프를 하나 더 받을 수 있을까요?
I dropped mine.

해석 A 주문할 준비가 되셨나요 아니면
should I come back later?
B 준비됐어요. 치킨 스테이크 세트 먹을게요.
A 좋은 선택이네요. 다른 필요하신 게 있나요?
B 네. Could I get another knife? 제 것을 떨어뜨려서요.

# **come** 문장 훈련 💬

◉ **(물건, 상품이) 나오다** come + 다양한 전치사
◉ **오다** come + 방향

---

01  해산물 세트는 무엇과 함께 나오나요?

↳ What does the seafood combo **come** with?

☑ combo 세트 메뉴

---

02  점심 특선 요리는 합리적인 가격으로 나옵니다.

↳ Lunch specials **come** at a reasonable price.

☑ specials 특선 요리들  reasonable 합리적인

---

03  생과일주스는 1리터 병에 담겨 나옵니다.

↳ The fresh juice **comes** in a 1L jar.

---

04  실례합니다. 제 식사가 아직 나오지 않았는데요.

↳ Excuse me. My meal hasn't **come** yet.

---

05  여러분을 위한 테이블이 있습니다. 이쪽으로 오시죠.

↳ We have a table for you. **Come** this way.

---

06  조금 이따 올까요 아니면 기다릴까요?

↳ Shall I **come** back later or wait?

☑ I'll order now[later]. 지금[이따] 주문할게요.

---

# get 문장 훈련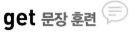

● **구해다주다** get + 누구 + 무엇
● **얻다** get + 무엇

---

07  선생님, 뭐라도 갖다드릴까요?

↳ Sir, can I **get** you anything?

---

08  또 다른 접시를 가져다줄 수 있나요?

↳ Can you **get** me another plate?

☐ a pair of chopsticks 젓가락 한 벌   a soup bowl 국그릇   tongs 집게

---

09  제 계산서를 가져다주시겠어요?

↳ Would you **get** me my bill?

---

10  저희 잔 하나 더 얻을 수 있을까요?

↳ Can we **get** another glass, please?

---

11  저는 주문한 음식을 언제쯤 받을까요?

↳ When will I **get** my order?

☑ order 주문한 음식

---

12  저희 야외석 자리를 얻을 수 있을까요?

↳ Can we **get** a table on the patio?

☑ patio 테라스 등의 야외 공간

---

먹고 마실 때
# make & get

# make

 85.7만번

Ch 1에서 배운 것처럼, '예약을 하다 make a reservation' 이라는 표현에서 자주 쓰이는 동사. '~하게 만들다'라는 뜻의 사역동사로도 자주 쓰이는데, 특히 음식을 어떤 식으로 조리·준비해 달라고 요청할 때 요긴하게 쓸 수 있다.

❷ **예약을 하다**
(make a reservation)

Did you **make** a reservation?
예약하셨나요?

I **made** a reservation for four.
네 명 자리 예약했는데요.

❷ **〜하게 만들다**

No, **make** it a double order.
아니, 곱빼기로 만들어 주세요.

Can you **make** it extra hot?
그것을 아주 맵게 해주실 수 있나요?

# get

 99.2만번

'~하게 하다'라는 뜻의 사역동사. 과거분사와 자주 쓰이는데, 식당 맥락에서는 'get a dish heated up 요리를 데워지게 하다 → 데우다, get a soda refilled 탄산음료를 리필되게 하다 → 리필하다'와 같이 주문 등의 요청을 할 때 많이 쓰인다.

❷ **〜하게 하다**

You can **get** a meal to go as well!
식사를 포장되게 하실 수도 있어요(=포장도 되세요)!

Can I **get** this dish heated up again?
이 요리 다시 데워지게 할 수 있을까요(=데워주세요)?

I'll **get** your wings started, then.
그럼 윙(의 조리)을 시작되게 하겠습니다.

## Scene #5 웨이팅받단 포장!

A Excuse me, miss.

We have a full dining room now. ○ dining room 식당

**예약하셨나요?**

B Oh, no... I'll put my name on the waiting list, then.

How long should I wait? ○ waiting list 대기 명단

A Not sure... But **식사 포장도 되세요!**

해석 A 실례합니다, 손님. 지금 식당이 꽉 찼네요.

Did you make a reservation?

B 오 안 돼... 그럼 제 이름을 대기자 명단에 올려둘게요.

얼마나 기다려야 하나요?

A 확실하지 않네요... 근데 you can get a meal to go as well!

## Scene #6 치킨은 매워야 제맛!

A I'd like an order of chicken wings. ○ an order of ~ 1인분

**아니, 곱빼기로 만들어 주세요.** ○ a double order 곱빼기

B And what kind of sauce would you like?

A Buffalo sauce. **그것을 아주 맵게 해주실 수 있나요?**

B Sure thing. I'll **get your wings started**, then.

○ Sure thing. 물론이죠.

해석 A 치킨 윙 1인분 주문하고 싶은데요.

No, make it a double order.

B 그러면 어떤 종류의 소스를 원하시나요?

A 버펄로 소스요. Can you make it extra hot?

B 물론이죠. 그럼 윙 조리를 시작되게 하겠습니다.

# make 문장 훈련 💬

❯ **예약을 하다** make a reservation
❯ **~하게 만들다** make + 음식 + 어떠하게

---

01 '트레버'라는 이름으로 예약했는데요.

↳ I **made** a reservation with the name 'Trevor'.

➕ book 예약하다

---

02 세 명 자리 예약하고 싶은데요.

↳ I'd like to **make** a reservation for three.

---

03 그것을 덜 맵게 만들어주세요.

↳ **Make** it less spicy, please.

☑ spicy 매운

---

04 고추 빼고 만들어줄 수 있나요?

↳ Can you **make** it without the chili peppers?

☑ chili pepper 고추   without ~없이

---

05 남은 음식을 가지고 가게 해줄 수 있나요?

↳ Could you **make** the leftovers to go?

☑ leftovers 남은 음식   to go 테이크아웃하는, 가져가는

---

06 그거 맛있어 보이네요. 그거 두 개 주세요.

↳ It looks delicious. ***Make** it two.

➕ *일행이 주문한 것과 같은 것을 주문할 때 쓰는 표현.

---

# get 문장 훈련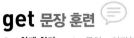

� **~하게 하다** get + 무엇 + 어떠하다

---

07   제 주문, 포장으로 할 수 있을까요?

↳ Can I **get** my order to go?

08   이 탄산음료 리필할 수 있을까요?

↳ Can I **get** this soda refilled?

09   바로 테이블을 닦아드리겠습니다.

↳ I will **get** the table wiped off right away.
☑ wipe off 닦아내다

10   그거 다시 데워주시겠어요?

↳ Would you **get** it heated up again?
☑ heat up 데우다

11   이것을 좀 더 익혀주시겠어요? 덜 익어서요.

↳ Could I **get** this cooked a little more?
It's undercooked.
☑ undercooked 덜 익은

12   이 음식을 접시에 따로따로 담아 내주실 수 있나요?

↳ Can I **get** this meal served in separate dishes?
☑ serve (음식을) 내다, 차리다   separate 분리된; 서로 다른

---

# want

51.4만번

'want to ~하고 싶다'의 형태로 자주 쓰는 동사. 가까운 사이에서는 'wanna[워너]'라고 발음한다. '원하다'라는 기본 뜻의 want는 과거형으로 써보자. '~을 원했었는데… (그게 아니네요)'의 뉘앙스로 부드럽게 주문 수정 등을 요구할 수 있다.

**❷ 원하다**

I **wanted** my fries without salt.
저는 감자튀김에 소금 안 뿌렸으면 했는데요.

I **wanted** my tea iced.
저는 제 차에 얼음이 있었으면 했는데요.

**❷ ~하고 싶다**

I **want** to book a table for next Friday.
다음 주 금요일에 자리를 예약하고 싶습니다.

Do you **wanna** have some snacks?
간식 좀 먹고 싶니?

# think

77.2만번

'생각하다'라는 뜻의 동사. 문장 앞에 'I think'를 붙이면 '(제 생각엔) ~인 것 같은데요'라는 뉘앙스가 더해진다. 때문에, 단정적으로 표현하면 무례하거나 불확실한 경우에 완곡한 어투를 위해 아주 자주 사용한다.

**❷ 생각하다**

I **think** there will be 20 people.
20명이 있을 거예요.

I **think** my order is wrong.
제 주문이 잘못된 것 같은데요.

I **think** I'll just take the check.
그냥 계산서를 받을까 봐요(=그냥 계산할게요).

## Scene  단체 손님은 대환영!!

**A** 다음 주 금요일에 자리를 예약하고 싶습니다.

**B** How many are in your party? ○ party 일행

**A** 20명이 있을 거예요.

**B** Oh. Could I get your name and number, then?

**A** Sure. It's Ron Jones, 722-0505.

해석
A I want to book a table for next Friday.
B 일행이 몇 분인가요?
A I think there will be 20 people.
B 오. 그렇다면 성함과 연락처를 받을 수 있을까요?
A 물론이죠. 론 존스, 722-0505입니다.

## Scene  주는 대로 먹자…

**A** Excuse me. **I think my order is wrong.**
저는 감자튀김에 소금 안 뿌렸으면 했는데요.

**B** Oh, let me get you another one.

**A** **Never mind. I'm stuffed.** ○ be stuffed 배가 부르다
**그냥 계산서를 받을까 봐요.** ○ the check 계산서 = the bill

해석
A 실례합니다. 제 주문이 잘못된 것 같은데요.
I wanted my fries without salt.
B 이런, 또 하나 가져다드릴게요.
A 신경 쓰지 마세요. 배부르네요.
I think I'll just take the check.

# want 문장 훈련 💬

◗ **원하다** wanted + 원래 주문 내용
◗ **~하고 싶다** want to 동사

---

01 네 명 자리를 원했는데요. 이건 너무 작네요.

↳ I **wanted** a table for four. This is too small.

....................................................................

02 제 타코에 고기가 없었으면 했는데요.

↳ I **wanted** no meat in my taco.

....................................................................

03 제 커피에 휘핑크림이 올려졌으면 했는데요.

↳ I **wanted** my coffee with whipped cream on it.
   ☑ whipped cream 휘핑크림

....................................................................

04 주문을 변경하고 싶어요.

↳ I **want** to change my order.

....................................................................

05 실은, 이 기프트 카드로 지불하고 싶어요.

↳ Actually, I **want** to pay with these gift cards.
   ☑ gift card (플라스틱으로 된) 기프트 카드  gift certificate (종이로 된) 상품권
   ➕ with cash 현금으로  by credit card 신용카드로  by check 수표로

....................................................................

06 뭔가 솜 간단히 먹고 싶어.

↳ I **wanna** grab a bite.
   ☑ grab a bite 간단히 먹다

# think 문장 훈련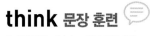

● **생각하다** think + 의견이나 요구

---

07 이건 제가 주문한 게 아닌 것 같은데요.

↳ I don't **think** this is what I ordered.

........

08 새로운 메뉴를 먹어볼까 봐요.

↳ I **think** I'll try the new menu.

........

09 그건 다음에 먹어볼까 봐요.

↳ I **think** I'll try it next time.

🛈 next time 대신에 later(나중에)를 써도 좋아요.

........

10 이 닭고기 상한 거 같은데요.

↳ I **think** this chicken has gone bad.

☑ go bad 상하다

........

11 제가 와인을 너무 많이 마신 것 같아요.

↳ I **think** I had too much wine.

........

12 오늘은 점심을 거를까 봐요.

↳ I **think** I'll pass on lunch today.

☑ pass (on) 거르다, 넘어가다

........

47

먹고 마실 때
# like & pay

## like

18.2만번

앞서 '좋아하다, 원하다'라는 뜻의 동사로 배웠지만, 'would like to~ ~하고 싶다'의 형태로도 자주 쓰인다. 주문, 좌석, 계산 등 다양한 맥락에서 요청을 할 때 요긴하게 쓸 수 있다. 'd like to로 줄여서 쓸 수도 있다.

**○ ~하고 싶다**

Would you **like** to split the bill?
나눠서 계산하시겠어요?

Would you **like** to have some coffee or tea?
커피 드시겠어요, 아니면 홍차 드시겠어요?

I'd **like** to leave this much as a tip.
이만큼은 팁으로 남기고 싶네요.

## pay

13.3만번

'지불하다'라는 뜻의 동사. 'pay for dinner 저녁 식사비를 계산하다, pay in cash 현금으로 계산하다'와 같이 쓴다. 참고로, 계산을 해준다는 의미의 '쏜다!'라는 표현은, 'Drinks are on me[the house]! 술은 내가[가게에서] 쏜다!'와 같이 쓴다.

**○ 지불하다**

I'm **paying** for this round!
이번 잔은 내가 낼게!

He might need to **pay** with his credit card.
쟤 신용카드로 계산해야 할지도 모르겠는데.

Should I **pay** at the front?
계산대에 가서 지불해야 하나요?

I'd like to **pay** with cash.
현금으로 지불하고 싶어요.

## Scene #9 팁을 이렇게 많이…!

A **나눠서 계산하시겠어요?**

B Yes, and **현금으로 지불하고 싶어요.**
 But can you **break a $100 bill**? ❷ break a bill 큰돈을 바꾸다

A Yes, miss. Here's the **change**. ❷ change 거스름돈

B Thanks. **I'd like to leave this much as a tip.**

A Thank you for the **generous** tip! ❷ generous 후한, 손이 큰

해석 A Would you like to split the bill?
 B 네, 그리고 I'd like to pay with cash.
 그런데 100달러 지폐 거슬러 줄 수 있나요?
 A 그럼요, 손님. 여기 잔돈이요.
 B 감사해요. 이만큼은 팁으로 남기고 싶네요.
 A 후한 팁 감사합니다!

## Scene #10 오늘은 내가 쏜다!

A It was so nice meeting you guys.
 **이번 잔은 내가 낼게!** ❷ round 한 차례 돌리는 술

B Yay! Drinks are on him!
 Here's to the booze 'paying'! cf. the booze talking 술김에 하는 얘기

A Bottoms up, guys! Cheers! ❷ Bottoms up! 원 샷!

B Ooh, **쟤 신용카드로 계산해야 할지도 모르겠는데.**

해석 A 얘들아 만나서 반가웠어. I'm paying for this round!
 B 야호! 술은 걔가 쏜대! 술김에 '내는' 데에 건배!
 A 원 샷이다, 얘들아! 건배!
 B 워, he might need to pay with his credit card.

49

# like 문장 훈련

**●** ~하고 싶다  would like to 동사

---

01    어떻게 지불하고 싶으신가요?

     ↳ How would you **like** to pay?

···············································································

02    가능하다면 각자 계산하고 싶어요.

     ↳ We'd **like** to separate the bill, if possible.

       ☑ separate 분리하다   if possible 가능하다면

       ➕ split the bill 총 금액을 나누다   separate the bill 각자 먹은 만큼 계산하다

       chip in 조금씩 십시일반해서 내다

···············································································

03    무엇을 먹고 싶으신가요?

     ↳ What would you **like** to have?

···············································································

04    치즈 피자를 주문하고 싶어요.

     ↳ I'd **like** to order a cheese pizza.

       ☑ order 주문하다

···············································································

05    어디에 앉고 싶으신가요?

     ↳ Where would you **like** to sit?

···············································································

06    바 자리에 앉고 싶어요.

     ↳ I'd **like** to sit at the bar.

# pay 문장 훈련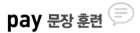

**◎ 지불하다**  pay for + 계산할 것
　　　　　　pay + 비용　pay in + 지불 방식

07 　저는 이미 제 식사를 계산했는데요.

↳ I already **paid** for my meal.

08 　제 저녁 식사를 미리 계산할 수 있을까요?

↳ Can I **pay** for my dinner in advance?

☑ in advance 미리 = up front 선불로

09 　현금으로 지불해야 하나요?

↳ Do I have to **pay** in cash?

10 　우리 각자 지불하는 게 어때?

↳ Why don't we **pay** separately?

☑ separately 따로따로

11 　2차는 누가 낼 거야?

↳ Who is going to **pay** at the next place?

➕ round는 '차'가 아니라 다 같이 '한 잔씩' 주문하는 차례를 의미한다.

12 　제가 지불해야 할 것보다 더 많이 낸 거 같은데요.

↳ I think I **paid** more than I needed to.

☑ need to ~해야 하다

**먹고 마실 때**
## be

# be

1254 만번 █

'어떠하다, 무엇이다'라는 뜻의 동사. 본인의 상태나 음식, 식기의 상태 등을 묘사할 때 유용하게 쓸 수 있다. 'I'm allergic to ~에 알레르기가 있다, It is undercooked. 덜 익었다.'와 같이 쓴다. 전치사와 쓰면 '있다'라는 뜻인데, 식당 내 시설의 위치를 묻거나, 음식에 들어간 재료를 물을 때 자주 쓴다. 앞서 배운 'be on ~ 누가 쏜다'도 전치사를 쓴 be동사 표현이다.

**⊙ 어떠하다**

I think this chicken **is** undercooked.
이 닭고기 덜 익은 것 같은데요.

It **is** still pink in the middle.
(고기가) 아직 가운데가 분홍색이네요.

My knife **is** not clean, too...
제 나이프도 깨끗하지 않고요...

**⊙ 무엇이다**

This **is** not what I ordered.
이건 제가 주문한 게 아니에요.

Today's special **is** pot pie.
오늘의 특선 요리는 고기 파이입니다.

**⊙ 있다**

Where**'s** the restroom?
화장실은 어디에 있어?

The next round **is** on me!
다음 잔은 (장부에서) 내 이름에 있다! → 내가 쏜다!

What **is** in this pie?
이 파이에 뭐가 들어갔나요?

Scene **#11**   이 식당 왜 이래?

A **I'm not** usually **picky about food**.  ◦ picky 까다로운
   But 이 닭고기 덜 익은 것 같은데요.  ◦ undercooked 설익은

B Oh, it **is still pink in the middle**.
   So sorry. I'll be right back with another.

A And **this... is not what I ordered**.
   제 나이프도 깨끗하지 않고요...

해석 A 제가 보통은 음식에 까다롭지 않은데요.
       그런데 I think this chicken is undercooked.
     B 오, 이거 가운데가 아직 분홍색이네요.
       정말 죄송합니다. 바로 다른 것으로 가져오겠습니다.
     A 그리고 이건... 제가 주문한 게 아니에요.
       My knife is not clean, too...

Scene **#12**   한 잔 더?! 딸꾹!

A Hey, 화장실은 어디에 있어?
   I'm going to throw up.  ◦ throw up 토하다 (= puke, toss my cookies)

B God, **you're wasted**.  ◦ wasted 완전히 취한

A No way. **I'm so sober** right now.  ◦ sober 취하지 않은, 제정신인

B I hope so. 'Cause 다음 잔은 내가 쏘니까!

해석 A 친구야~, where's the restroom?
       나 토하겠어.
     B 이런, 너 완전히 취했구나.
     A 아~냐. 나 완~전 멀쩡해 지금.
     B 그러길 바라. 왜냐면 the next round is on me!

# **be** 문장 훈련

● **어떠하다** be + 어떠하다
● **무엇이다** be + 무엇

---

01 저는 새우에 알레르기가 있어요.

↳ **I'm** allergic to shrimp.

---

02 이 생선은 먹기 너무 짜요.

↳ This fish **is** too salty to eat.

☑ too ~ to ~ ~하기에는 너무 ~한

---

03 턱 밑까지 배가 꽉 찼어요(=배불러요).

↳ **I'm** stuffed to the gills.

☑ gill 턱밑의 군살   stuffed 채워진, 꽉 찬
☑ ≒ I can't eat another bite. 한 입도 더 못 먹겠다.

---

04 배고파 죽겠다. 말 한 마리라도(=엄청 많이) 먹겠어.

↳ **I'm** starving. I could eat a horse.

☑ starving 굶주린

---

05 일단은 그거면 되어요. 고맙습니다.

↳ **That's** all for now. Thank you.

☑ for now 지금은, 일단은

---

06 이거 순전히 바가지잖아!

↳ **It's** a total rip-off!

☑ rip-off 폭리, 바가지

---

# **be** 문장 훈련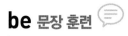

◐ **있다** be + 어디

---

07 가장 가까운 한식당이 어디에 있나요?

↳ **Where is the nearest Korean restaurant?**
☑ nearest 가장 가까운

·····································································

08 여기 뭐가 들어갔나요? 제 혀가 퉁퉁 부었잖아요.

↳ **What is in this? My tongue is all swollen.**
☑ swell 부어오르다

·····································································

09 이 요리 안에 땅콩이 있나요?

↳ **Are there peanuts in this dish?**
➕ nuts 견과류   shellfish 조개류 및 갑각류   diary products 유제품

·····································································

10 내 수프에 머리카락이 있어요!

↳ **There is a hair in my soup!**
➕ hair는 보통은 셀 수 없는 명사이지만, 머리카락 한 올 한 올을 가리킬 땐 셀 수 있다.

·····································································

11 당신의 웨이터가 곧 올 겁니다.

↳ **Your waiter will be with you shortly.**
☑ shortly 곧

·····································································

12 (주문이) 지연되어 죄송합니다. 그건 가게에서 내겠습니다.

↳ **I'm sorry for the delay. It is on the house.**
➕ be on (장부에서) ~의 이름에 있다 → ~가 낸다
➕ comp a meal (가게에서 사과의 뜻으로) 음식을 공짜로 주다

·····································································

55

먹고 마실 때 비교적 간단하게 쓸 수 있는 표현들을 알아봅시다.

**음식 맛을 나타내는 표현**

sour[tart]
신[새콤한]

plain[bland]
담백한[싱거운]

bitter
쓴맛의

greasy(=oily)
느끼한

watery
묽은

savory
풍미 있는

undercooked
덜 익은

overcooked
너무 익은

taste off
맛이 이상한

**술자리에서 쓸 수 있는 표현**

a social[heavy] drinker
어울려[많이] 마시는 사람

a night cap
자기 전에 마시는 술 한 잔

Here's to ~!
~를 위하여!

one for the road
마지막 한 잔

The night is still young.
밤이 아직 길다고.

It's just the booze talking.
그냥 술김에 하는 말이야.

Let's make a toast. Cheers!
건배합시다. 건배!

# Chapter 3

# 쇼핑할 때

**11개 기초 동사면 영어로 원어민처럼 쇼핑할 수 있다!**

Does this **come** in black?
이거 검정색으로도 나오나요?

These snacks are '**buy** one, get one free'.
이 과자들 '원 플러스 원'이에요.

This **is** a total rip-off!
이건 완전 바가지야!

# DAY 12

**쇼핑할 때**
## have & get

# have

**430만번**

'갖고 있다'라는 뜻의 동사. 쇼핑할 때, '여기 ~ 있어요?' 라고 물으며 찾는 물건이 있는지를 확인할 때 가장 많이 쓰인다. 'I have a coupon 쿠폰이 있다, It has a crack 금이 가 있다'와 같이 지불 수단이나 제품의 상태를 묘사할 때도 쓸 수 있다.

**⊘ 가지고 있다**

Do you **have** this product here?
여기 이 제품 있나요?

We **have** this perfume... right here!
저희 이 향수가... 바로 여기 있네요!

Do you **have** these shoes in size 9.5?
이 신발 *9.5 사이즈로 있나요?

➕ *미국 남성 기준 275mm

# get

**99.2만번**

'얻다'라는 뜻의 동사. 쇼핑할 때는 '무료 주차증'이나 '할인 쿠폰'같이 어떤 서비스를 얻고자 할 때 자주 쓴다. 'get a refund 환불을 받다'와 같이 쓴다. '~하게 하다'라는 뜻의 사역동사로도 자주 쓰는데, 주로 과거분사와 같이 쓴다.

**⊘ 얻다**

Can I **get** a stamp for free parking?
무료 주차 도장 좀 받을 수 있을까요?

➕ parking permit(주차허가증)은 집, 회사 등 장기로 주차하는 곳에서 씀

Where can I **get** a discount coupon?
어디서 할인 쿠폰을 얻을 수 있을까요?

**⊘ ~하게 하다**

I'd like to **get** this gift-wrapped.
이것을 선물 포장되게 했으면(=선물 포장했으면) 좋겠네요.

Can I **get** them laced up?
그것들 신발 끈이 매어지게 할(=신발 끈 매어주실) 수 있나요?

## Scene #1 이 향수 있나요?

A May I help you with anything?

B Oh yeah. 여기 이 제품 있나요?

A Yes, we **have this perfume**... right here!

B Great. I'd like to **get this gift-wrapped**.   ⊙ gift-wrapped
And 무료 주차 도장 좀 받을 수 있을까요?                    선물 포장된

해석  A 제가 도와드릴 게 있을까요?
     B 아 네. Do you have this product here?
     A 네, 저희 이 향수가... 바로 여기 있네요!
     B 좋아요. 이거 선물 포장했으면 좋겠네요.
        그리고 can I get a stamp for free parking?

## Scene #2 신고 갈게요!

A Excuse me.
이 신발 9.5 사이즈로 있나요?

B Let me look, sir.
Yes, **we have a pair**.

A Then, 그것들 신발 끈 매어주실 수 있으세요?
I want to wear them out.   ⊙ wear ~ out (구매한 옷을) 입고 나가다

해석  A 실례합니다.
        Do you have these shoes in size 9.5?
     B 확인해 보겠습니다, 선생님.
        네, 저희 한 켤레 있어요.
     A 그렇다면, can I get them laced up?
        그것들 신고 나가고 싶어요.

# have 문장 훈련 💬

◑ **가지고 있다** have + 상품, 지불 수단, 상태

---

01 이 신발 7.5호 사이즈로 있나요?

↳ Do you **have** these shoes in size 7.5?

➕ 영미권은 같은 호라도 여성, 남성의 신발 사이즈가 다르다.
7.5호 = 미국 남성 250mm, 미국 여성 240mm [±0.5호 = 대략 ±5mm]

......................................................

02 이게 재고에 있는 전부인가요?

↳ Is this all you **have** in stock?

☑ stock 재고; 비축물

......................................................

03 이 아이팟 반품할 수 있을까요? 화면에 금이 갔네요.

↳ Can I return this iPod? It **has** a crack in the screen.

......................................................

04 이 셔츠 검정색으로 있나요?

↳ Do you **have** this shirt in black?

......................................................

05 100달러짜리 지폐만 있네요. 거슬러줄 수 있나요?

↳ I only **have** a $100 bill. Can you break it?

☑ break 큰 단위 지폐를 거슬러주다

......................................................

06 저 공짜 티켓 쿠폰이 있는 것 같아요.

↳ I think I **have** a coupon for a free ticket.

➕ voucher 상품권, 할인권

......................................................

# **get** 문장 훈련

❷ **얻다** get + 서비스
❷ **~하게 하다** get + 무엇 + 어떠하게

---

07   현금 할인 받을 수 있나요?

↳ Can I **get** a cash discount?

   ✪ Can't you go lower than that? 더 싸게는 안 돼요?

..............................................................

08   이 스웨터 환불 받고 싶은데요.

↳ I want to **get** a refund for this sweater.

   ✪ exchange A for B A를 B로 교환하다

..............................................................

09   오후 6시 쇼 무료 티켓 2장을 받으실 거예요.

↳ You'll **get** two free tickets for the 6 p.m. show.

..............................................................

10   이것들 같이 선물 포장해주실 수 있을까요?

↳ Can I **get** these gift-wrapped together?

..............................................................

11   꼬리표들 제거해주세요. 이걸 입고 나가고 싶네요.

↳ Please **get** the tags removed. I want to wear this out.

   ✪ wear ~ out (샀 옷 등을) 입고 나가다

..............................................................

12   이 물품들 어디에서 계산할 수 있을까요?

↳ Where can I **get** these items rung up?

   ✪ ring up (계산대 단말기로) 계산하다

..............................................................

# DAY 13

쇼핑할 때
## come & try

## come

62.8만번

'오다'라는 뜻의 동사로 알고 있겠지만, 쇼핑할 때는 '(물건 등이) 나오다'라는 뜻으로 더 많이 쓰인다. 'come in black 검은색으로도 나온다, come in a bigger[smaller] size 더 큰[작은] 사이즈로도 나온다'와 같이 쓴다.

> **(물건, 상품이) 나오다**

**Do they come in a smaller size?**
이거 더 작은 사이즈로도 나오나요?

**They just came in yesterday.**
이거 어제 막 들어온 거예요.

**Does it come with the belt?**
그거 벨트하고 같이 나오는 거예요?

## try

29.4만번

'해보다'라는 뜻의 동사. 쇼핑할 때는 '(한번) 써보다, 입어보다'의 의미로 많이 쓴다. '입어본다'는 의미로 쓸 때는 'try on'의 형태로 많이 쓰고, 물건 등을 '써본다'라고 쓸 때는 'try out'의 형태로 많이 쓴다.

> **해보다**

**Can I try on these jeans?**
이 청바지 한번 입어볼 수 있을까요?

☑ 바지는 다리 두 짝이 한 쌍이므로, 항상 복수(these) 취급!

**Try this belt with it!**
이 벨트를 그거랑 같이 입어보세요!

**Where can I try on this dress?**
어디서 이 드레스를 입어볼 수 있을까요?

## Scene #3  더 작은 사이즈 없어요?

A  **이 청바지 한번 입어볼 수 있을까요?**

B  That's an excellent choice, miss.
   They just **came in yesterday**.

A  Oh, then **이거 더 작은 사이즈로도 나오나요?**

B  I'm sorry. That's the smallest we have.

해석  A  Can I try on these jeans?
　　 B  훌륭한 선택이셔요.
　　　　이거 어제 막 들어온 거예요.
　　 A  오, 그럼 do they come in a smaller size?
　　 B  죄송해요. 그게 있는 것 중에 가장 작은 거예요.

## Scene #4  두 개 다 사~

A  Sir, you look amazing in that jacket!

B  Oh, really? Thanks.

A  **이 벨트를 그거랑 같이 입어보세요!**

B  Oh, **그거 벨트하고 같이 나오는 거예요?**

A  No, but it's just $8! It's a steal!  ◑ a steal = 공짜나 다름없는 거래

해석  A  선생님, 그 재킷 입으시니 정말 멋져 보이세요!
　　 B  오 정말요? 고마워요.
　　 A  Try this belt with it!
　　 B  오, does it come with the belt?
　　 A  아니요, 하지만 겨우 8달러예요! 공짜나 다름없죠!

# come 문장 훈련

**◎ (물건, 상품이) 나오다**  come with 구성물
come in 색상, 크기

---

01  이거 품질 보증하고 같이 나오는 거죠, 맞죠?

↳ This **comes** with a warranty, right?
☑ warranty 품질 보증

---

02  이 전화기에는 어떤 부대 용품들이 같이 나오나요?

↳ What accessories **come** with this phone?
☑ accessory 이어폰, 충전기 등의 부대 용품

---

03  죄송하지만 새 어벤져스 영화는 언제 나오나요?

↳ Sorry, but when does the new *Avengers* movie
**come** out?

---

04  이 DVD들 오늘 막 들어온 거예요. 한번 보세요!

↳ These DVDs just **came** in today. Have a look!

---

05  팝콘 세트 메뉴는 뭐하고 같이 나오는 거예요?

↳ What does the popcorn combo **come** with?
☑ combo 세트 메뉴

---

06  이거 검정색으로도 나오나요? 파란색은요?

↳ Does this **come** in black? How about blue?

# try 문장 훈련 💬

**해보다** try (out, on) + 상품

---

07 이 수분 크림 써봐도 되나요?

↳ Can I **try** out this moisturizer?

☑ moisturizer 수분 크림
➕ try out (제품을) 사용해보다

08 한 번에 셔츠 몇 개까지 입어볼 수 있나요?

↳ How many shirts can I **try** on at once?

☑ at once 한 번에
➕ try on (옷 등을) 입어보다

09 셔츠는 한 번에 다섯 벌까지만 입어보실 수 있어요.

↳ You can only **try** on five shirts at once.

10 그 선글라스 껴봐도 될까요?

↳ Could I **try** those sunglasses?

➕ 안경류는 좌우 렌즈가 한 쌍이므로 복수 취급!

11 이 향수도 한번 써보시는 건 어떠세요?

↳ How about **trying** out this perfume as well?

12 샘플 하나 써보시겠어요?

↳ Would you like to **try** a sample?

# DAY 14

**쇼핑할 때**
## like & help

# like

18.2만번

'좋아하다'라는 뜻의 동사. 물건을 구매할 때 자신의 기호나 선호를 표현하기 위해 쓸 수 있다. 'would like to ~'의 형태로 쓰면 '~하고 싶다'라는 의미가 되는데, 예약, 교환, 환불 등의 다양한 요청을 할 때 쓸 수 있다.

❷ **좋아하다**

I **like** front mezz seats better.
앞쪽 반이층 좌석이 더 좋아요.

I **like** shirts without pockets.
전 주머니가 없는 셔츠가 좋은데요.

❷ **~하고 싶다**

I'**d like to** book two tickets for *Wicked*.
'위키드' 티켓 두 장을 예매하고 싶은데요.

I'**d like to** exchange this for a larger one.
이것을 더 큰 것으로 교환하고 싶어요.

# help

21.6만번

'돕다'라는 뜻의 동사. 두 가지 방식으로 자주 쓰이는데, 하나는 'Please, help me with this. 저 이것 좀 도와주세요.'와 같이 전치사 with를 쓰는 것이다. 다른 하나는 'Let me help you (to) find it. 그걸 찾도록 도와드리죠.'와 같이 동사나 to부정사를 쓰는 것이다.

❷ **돕다**

Is there anything I can **help** you with?
혹시 제가 도와드릴 게 있을까요?

May I **help** you with something?
제가 뭔가 도와드릴까요?

❷ **~하도록 돕다**

I can **help** you order it online.
그거 온라인으로 주문하도록 도와드릴 순 있어요.

Could you **help** me pack these items?
이 물품들 포장하는 것 좀 도와주시겠어요?

## Scene #5   온라인 구매도 가능!

**A** 혹시 제가 도와드릴 게 있을까요?

**B** No, thank you.
　 I'm just browsing.  ◎ browse 그냥 둘러보다(=look around)
　 Oh, wait. Do you have this in stock?  ◎ in stock 재고에

**A** I'm sorry, we don't.
　 But 그거 온라인으로 주문하도록 도와드릴 순 있어요.

해석　**A** Is there anything I can help you with?
　　 **B** 아니요, 괜찮아요. 그냥 둘러보는 거예요.
　　　 오, 잠시만요. 이거 재고에 있나요?
　　 **A** 죄송합니다, 없네요.
　　　 하지만 I can help you order it online.

## Scene #6   뮤지컬은 좌석이 생명!

**A** '위키드' 티켓 두 장을 예매하고 싶은데요.
　 The Friday evening show.

**B** We have orchestra seats available.

**A** Actually, 앞쪽 반이층 좌석이 더 좋아요.  ◎ mezz seat 발코니식 반이층 좌석

**B** Then, how about center seats D 104 and 106?

**A** Perfect. Thanks.

해석　**A** I'd like to book two tickets for *Wicked*.
　　　 금요일 저녁 공연으로요.
　　 **B** 가능한 오케스트라석들이 있네요.
　　 **A** 사실, I like front mezz seats better.
　　 **B** 그렇다면, 중앙부 좌석 D 104하고 106은 어떠세요?
　　 **A** 완벽하네요. 고마워요.

# like 문장 훈련 💬

◐ **좋아하다** like + 무엇
◐ **~하고 싶다** would like to 동사

---

01    다시 생각해보니, 반이층 좌석보다는 오케스트라석이 더 좋네요.

     ↳ On second thought, I **like** the orchestra seats better than the mezz seats.
       ☑ on second thought 다시 생각해보니

..................................................

02    이 셔츠 무늬가 마음에 들지 않아요.

     ↳ I don't **like** the pattern on this shirt.
       ☑ pattern (옷 위의) 무늬

..................................................

03    저희 가능하다면 같이 앉고 싶은데요.

     ↳ We'd **like** to sit together, if possible.

..................................................

04    이거 파란 걸로 교환하고 싶은데요.

     ↳ I'd **like** to exchange this for a blue one.

..................................................

05    '라이온 킹' 티켓 한 장 예매하고 싶어요.

     ↳ I'd **like** to book a ticket for *The Lion King*.
       ➕ reserve 예약 · 예매하다

..................................................

06    나중에 *세금 환급을 받고 싶은데요.

     ↳ I'd **like** to get a tax refund later.
       ➕ *구매한 물품 가격에 포함되어 있던 부가세 등을 환급 받는 것.
         미국 대부분 주에는 해당 제도가 없으니 주의.

..................................................

# help 문장 훈련

● **돕다** help + 누구 + with 일
● **~하도록 돕다** help + 누구 + (to) 동사

---

07 저 이것 좀 도와주시겠어요?

↳ Would you **help** me with this?

.................................................................

08 물론이죠. 무엇을 도와드릴까요?

↳ Of course. What can I **help** you with?

.................................................................

09 뭐 찾는 것 좀 도와드릴까요?

↳ Can I **help** you find anything?

.................................................................

10 이 셔츠 스몰 사이즈로 찾는 것 좀 도와주실 수 있나요?

↳ Could you **help** me find this shirt in a small?

☑ a small 스몰 사이즈
⊕ an extra small[XS] 스몰보다 작은 사이즈   a medium 중간 사이즈
a large 큰 사이즈   an extra large[XL] 라지보다 큰 사이즈

.................................................................

11 이거 계산대로 가져가는 것 좀 도와주세요.

↳ Please **help** me take this to the checkout.

☑ checkout 계산대
= register, cashier

.................................................................

12 엄마 선물 고르는 것 좀 도와주시겠어요?

↳ Would you **help** me pick a gift for my mom?

☑ pick 고르다

쇼핑할 때
# buy & pay

# buy

10.1만번

'(돈을 주고) 사다'라는 뜻으로 가장 흔하게 쓰이는 동사. 다소 신중한 뉘앙스가 있는 'purchase 구매하다'와 다르게, 생각 없이 물건을 '사들이는(buy up)' 경우에도 쓸 수 있는 표현이다. 'an impulse buy 충동구매'에서와 같이 명사로 쓰이기도 한다.

### ⊙ (돈을 들여) 사다

I just **bought** them yesterday.
그것들 바로 어제 산 거예요.

They were **a** bad **impulse buy**.
그것들은 좋지 않은 충동구매였어요.

I **bought** it on sale.
그거 세일할 때 샀어요.

# pay

13.3만번

'지불하다'라는 뜻의 동사. '계산하다, 돈을 내다'라는 뜻으로 가장 많이 쓰는 동사이다. 'pay for gift wrapping 선물 포장비를 내다, pay in cash 현금으로 계산하다, pay with a credit card 신용카드로 내다'와 같이 다양한 전치사와 함께 쓰인다.

### ⊙ 지불하다

You **paid** with... a credit card.
계산은... 신용카드로 하셨네요.

I can't **pay** that much today.
그만큼을 오늘 지불할 수는 없는데.

Can I **pay** in installments?
할부로 낼 수 있을까요?

I'll **pay** with this VISA card.
이 비자 카드로 지불할게요.

## Scene #7  또 지름신 강림…!

A  I'd like to get a refund for these jeans.

B  Oh, may I see your receipt? ◦ receipt 영수증

A  Here it is. **그것들 바로 어제 산 거예요.**

B  And **계산은… 신용카드로 하셨네요.**
　  You don't want to exchange them for another pair?

A  Nope… They were **a** bad **impulse buy**.

해석  A  이 청바지 환불 받고 싶은데요.
　　 B  오, 제가 영수증을 볼 수 있을까요?
　　 A  여기요. I just bought them yesterday.
　　 B  그리고 you paid with… a credit card.
　　　　 다른 청바지로 교환하고 싶지는 않으시고요?
　　 A  아뇨… 영 좋지 못한 **충동구매**였어요.

## Scene #8  할부로 할게요~

A  How much is this TV, including tax? ◦ including ~을 포함하여

B  It will be about $650, ma'am.

A  Holy. I can't **pay that much** today.
　  **할부로 낼 수 있을까요?** ◦ in installments 할부로

B  Yes, if you have one of these credit cards.

A  Then **이 비자 카드로 지불할게요.**

해석  A  이 TV 세금 포함해서 얼마인가요?
　　 B  약 650달러입니다, 손님.
　　 A  세상에. 그만큼을 오늘 **지불할** 수는 없는데.
　　　　 Can I pay in installments?
　　 B  네, 이 신용카드들 중 하나를 갖고 계신다면요.
　　 A  그럼 I'll pay with this VISA card.

# buy 문장 훈련 💬

❷ **(돈을 들여) 사다** buy + 물건

---

01 아내를 위해 장갑을 좀 사고 싶은데요.

↳ I want to **buy** some gloves for my wife.

02 삐까뻔쩍하다고? 아냐, 이거 거의 공짜로 산 거야.

↳ Fancy? No, I **bought** this for almost nothing.
  ☑ fancy (겉이) 화려한, 있어 보이는
  ➕ for nothing 거저, 공짜로   for free 무료로, 공짜로

03 이거 온라인으로 샀는데요. 여기에 반품할 수 있나요?

↳ I **bought** this online. Can I return it here?
  ☑ return 반품하다

04 가격이 거저여서, 다 사들였어!

↳ The price was a steal, so I **bought** them up!

05 이 과자들 '원 플러스 원'이에요.

↳ These snacks are '**buy** one, get one free'.
  ➕ buy one, get one free 하나를 사면 하나를 공짜로 얻는다 → 원 플러스 원
    광고판에는 종종 BOGO라고 줄여 씀

06 또 충동구매야? 철 좀 들어라, 인마!

↳ Another impulse **buy**? Grow up, dude!
  ☑ Grow up! 철 좀 들어! 정신 차려!

# **pay** 문장 훈련

❍ **지불하다** pay + 다양한 전치사

---

07 꼭 현금으로만 지불해야 하나요?

↳ Do I have to **pay** in cash and only cash?

☑ ~ and only ~ 오직 ~만

.............................................................

08 국제 신용카드로 계산할 수 있나요?

↳ Can I **pay** with an overseas credit card?

☑ overseas 해외의; 국제적인

.............................................................

09 6개월 할부로 지불하고 싶어요.

↳ I'd like to **pay** in installments for 6 months.

.............................................................

10 있죠? 그냥 지금 일시불할게요.

↳ You know what? I'll just **pay** for it all now.

☑ 일시불 표현으로 알려져 있는 'a lump sum 일괄로'는
주로 당첨금, 연금, 퇴직금 등 큰 금액을 한꺼번에 '받을 때' 사용하므로 주의.

.............................................................

11 선물 포장하는 데 돈 내야 돼요?

↳ Do I have to **pay** for gift wrapping?

.............................................................

12 제가 총 얼마를 내야 될까요?

↳ How much would I have to **pay** in total?

☑ in total 다 합쳐서, 총

# think

77.2만번

DAY 09에서 '(제 생각엔) ~인 것 같은데요'라는 뉘앙스의 표현으로 배웠다. 쇼핑할 때에도 같은 방식으로 유용하게 쓸 수 있으며, 점원들이 권유를 할 때에도 자주 쓰는 표현이다. 'I was thinking of ~'의 형태로 쓰면 '~할까 생각했었다'라는 뜻이다.

### ❯ 생각하다

I **think** you'll like this two-in-one gift set.
이 *투인원 선물 세트를 좋아하실 것 같네요.

🔲 *two-in-one 두 상품이 하나로 묶인

I **think** these two look nice.
이 두 개가 괜찮아 보이는 것 같긴 한데요.

I was **thinking** of choosing between these two.
이 둘 중에서 고를까 했었어요.

# look

49.1만번

'(어떠해) 보이다'라는 뜻의 동사. 쇼핑할 때에는 옷이나 액세서리 등이 어떻게 보이는지 묻거나 표현할 때 많이 쓴다. 'look for'의 형태로 쓰면 '찾다'라는 뜻인데, '발견하다, 찾아냈다'라는 뉘앙스의 find와는 달리, 구하려고 '찾아다닌다'는 뉘앙스이다.

### ❯ ~을 찾다

This is what I've been **looking for**!
이게 제가 그동안 찾던 거네요!

Are you **looking for** something?
뭔가 찾고 계신 건가요?

### ❯ ~하게 보이다

It **looks** good on you!
당신에게 좋아 보이네요(=잘 어울리네요)!

How does it **look**?
어때 보여요?

## Scene #9  바로 이거야 이거!

**A** Is there something I can help you with?

**B** Yes. Does this come in a lighter shade? ● lighter shade
더 옅은 색조

**A** Oh, yes. Here you are.

**B** Thanks. 이게 제가 그동안 찾던 거네요!
**How does it look?**

**A** Oh, 잘 어울리네요!

해석  A 제가 도와드릴 게 있을까요?
   B 네. 이거 더 옅은 색으로도 나오나요?
   A 아, 네. 여기에 있습니다.
   B 감사해요. This is what I've been looking for!
   어때 보여요?
   A 오, it looks good on you!

## Scene #10  세트가 더 저렴해요~

**A** Are you **looking for something**?

**B** Oh, yes. A tie for my husband.
**이 두 개가 괜찮아 보이는 것 같긴 한데요.**

**A** Then **이 투인원 선물 세트를 좋아하실 것 같네요.**
**You can get both a little cheaper.**

해석  A 뭔가 찾고 계신 건가요?
   B 오, 네. 남편을 위한 넥타이요.
   I think these two look nice.
   A 그럼 I think you'll like this two-in-one gift set.
   둘 다 약간 더 저렴하게 사실 수 있어요.

# think 문장 훈련

◐ **생각하다**  think + 요구나 권유
think of + -ing

---

01 저한테 거스름돈 제대로 안 주신 것 같은데요.

↳ I don't **think** you gave me the right change.

☑ change 거스름돈

---

02 저 실수로 과다청구된 것 같은데요.

↳ I **think** I was overcharged by mistake.

☑ overcharge 과다청구하다  by mistake 실수로

---

03 그건 저희한테 더 큰 사이즈가 없는 것 같아요.

↳ I don't **think** we have that in a bigger size.

---

04 이 투인원 세트가 괜찮으실 것 같은데요.

↳ I **think** this two-in-one set might suit you.

☑ suit ~에게 맞다, 편리하다

---

05 두 제품 중에서 고를까 했어요.

↳ I was **thinking** of choosing between these two products.

---

06 아내를 위해 향수를 좀 살까 했어요.

↳ I was **thinking** of buying some perfume for my wife.

---

76

# look 문장 훈련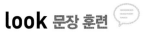

> **~을 찾다** look for + 물건
> **~하게 보이다** look + 어떠하게

---

07 뭔가 특별히 찾고 계신 게 있나요?

↳ Are you **looking for** something specific?

☑ specific 특정한

08 저 여성아동복 매장을 찾고 있는데요.

↳ I'm **looking for** the girlswear department.

☑ ladieswear department 여성복 매장
menswear department 남성복 매장
juniors department 청소년복 매장

09 어떤 종류의 선물을 찾고 계신가요?

↳ What kind of gift are you **looking for**?

10 오, 이 넥타이 좋아 보이네요. 이걸로 살게요.

↳ Oh, this tie **looks** good. I'll take it.

11 이 모자 내가 쓰면 바보같이 보이니?

↳ Does this hat **look** silly on me?

☑ silly 바보같은

12 어떤 벨트가 이 청바지에 가장 잘 어울리나요?

↳ Which belt **looks** best with these jeans?

# DAY 17

**쇼핑할 때**

**be**

## be

**1254만번**

'어떠하다, 무엇이다'라는 뜻의 동사. 상품의 가격이나 상태 등을 묘사할 때 주로 많이 쓰인다. 'That's a rip-off! 그거 바가지잖아요!, The movie is R-rated. 이 영화는 준성인 등급이에요.'와 같이 쓴다. 전치사와 같이 쓰이면 '있다'라는 뜻이 되는데, 가판대나 상점의 위치 등을 물어볼 때 유용하게 쓸 수 있다.

---

**⊙ 있다**

What floor **is** the theater on?
상영관은 몇 층에 있나요?

It**'s** on the 13th floor.
13층에 있습니다.

Where **is** the customer service center?
고객 서비스 센터는 어디에 있나요?

**⊙ 어떠하다, 무엇이다**

The movie **is** R-rated.
이 영화는 준성인등급입니다.

**Are** you over 17?
17세 이상이신가요?

That**'s** a rip-off!
그거 바가지잖아요!

$85! That **is** my final offer.
85달러! 그게 제 마지막 제안이에요(=아니면 안 사요).

Scene  #11　제가 좀 어려보이죠?

**A** Two tickets to *Deadpool*, please.

**B** 이 영화는 준성인등급입니다. ○ R-rated 17세 미만 보호자 동반 요망

**Are you over 17?**

**A** Yes. Here's my passport.

**상영관은 몇 층에 있나요,** by the way? ○ by the way 그나저나

**B** 13층에 있습니다.

해석　A '데드풀' 표 두 장 주세요.
　　　B The movie is R-rated. 17세 이상이신가요?
　　　A 네. 여기 제 여권이요.
　　　　What floor is the theater on, 그나저나?
　　　B It's on the 13th floor.


Scene #12　흥정의 달인!

**A** **That will be $98.**

**B** For this? 그거 바가지잖아요!

**A** Ma'am, this coat is selling out everywhere. ○ sell out
　　　　　　　　　　　　　　　　　　　　　　　　잘 팔리다, 매진이다

**B** Nah. 85달러! 아니면 안 사요.

**A** Alright, then. $90. **That is as low as I'll go.** ○ = 최대한 깎은 거다

**B** Deal! But throw in this T-shirt, too! ○ throw in 덤으로 주다

해석　A (다 해서) 98달러 되겠습니다.
　　　B 이게요? That's a rip-off!
　　　A 손님, 이 코트는 어딜 가나 매진이라고요.
　　　B 안 돼요. $85! That is my final offer.
　　　A 알겠어요, 그럼. 90달러요. 최대한 깎아드린 거예요.
　　　B 그렇게 하죠! 하지만 이 티셔츠도 덤으로 줘요!

# be 문장 훈련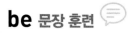

❷ **있다** be + 어디

---

01  보석 매장은 아래층에 있습니다.

↳ The jewelry department **is** downstairs.

❏ beauty/cosmetics department 화장품 매장
housewares department 가정용품 매장
electronics department 전자제품 매장

......

02  최근 출시작과 리메이크작들은 5번 코너에 있어요.

↳ Recent releases and remakes **are** in aisle 5.

☑ release 출시작  remake 리메이크작

......

03  만년필들은 문구류 코너에 있습니다.

↳ Fountain pens **are** in the stationery aisle.

......

04  고객 서비스 창구는 4층에 있습니다.

↳ The customer service desk **is** on the 4th floor.

......

05  실례합니다. 탈의실이 어디에 있죠?

↳ Excuse me. Where **is** the fitting room?

......

06  세금 환급 계산대는 어디에 있죠?

↳ Where **is** the tax refund counter?

# be 문장 훈련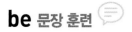

◎ **어떠하다, 무엇이다** be + 가격이나 상태

---

07 가게에 있는 모든 것들이 지금 20-50% 할인 중입니다!

↳ **Everything** in the store **is** 20-50% off now!

☑ = be on sale 할인 중인

08 이건 완전 바가지야!

↳ This **is** a total rip-off!

09 이 시계 반품하고 싶어요. 고장이 났어요.

↳ I'd like to return this watch. It **is** broken.

10 다음에 오세요. 지금은 가게 문 닫았습니다.

↳ Come back later. The store **is** closed now.

11 오, 사실, 이건 원 플러스 원 품목이에요.

↳ Oh, actually, this **is** a buy-one-get-one item.

☑ buy-one-get-one(-free) 원 플러스 원

12 죄송하지만, 이 영화는 준성인등급이에요.

↳ Sorry, but this movie **is** R-rated.

☑ G-rated 전체 관람가   PG-rated 부모 지도 필요
R-rated 17세 미만 시청 제한(보호자 필요)   NC-17 17세 미만 시청 금지

---

**please '~좀 해주세요'**

마법의 단어 please! 원하는 것, 필요한 것 뒤엔 다 'please ~좀 부탁해요'를 붙여보세요. please 하나만으로도 원하는 것을 다 부탁할 수 있습니다.

> ### Non-smoking, **please**.
> 금연실로 부탁드립니다.
>
> ### The bill(Check), **please**.
> 계산서 주세요.
>
> ### To go, **please**.
> 테이크아웃할게요.
>
> ### Medium-well, **please**.
> (스테이크) 미디엄 웰던으로 해주세요.
>
> ### Just a moment, **please**.
> 잠시만 기다려 주세요.

대신 please가 문장 앞에 오면 부탁보단 재촉에 가까운 표현이 됩니다. 또한 please는 맥락에 따라 금지를 나타내는 표현으로도 사용됩니다.

> ### **Please** let's get ready. We're almost late.
> 어서 좀 준비하자. 우리 거의 늦었어.
>
> ### Kids, **please**! I'm trying to sleep!
> 얘들아, 제발 좀! 나 자려고 하잖니!

# Chapter 4

# 이동할 때

**12개 기초 동사면 영어로 원어민처럼 교통수단을 이용할 수 있다!**

How long does it **take** by train?
기차로는 얼마나 걸리나요?

I just **got** a flat tire.
타이어가 막 펑크 났어.

**Stop** at the next crosswalk, please.
다음 횡단보도에서 세워주세요.

83

이동할 때
# take & get

# take

67만번 ▮

'취하다'라는 뜻도 있지만, 교통수단과 관련해서는 '(교통수단을) 타다, 이용하다'라는 뜻으로 더 많이 쓰인다. 'take a cab 택시를 타다'와 같이 쓴다. '(시간이) 걸리다'라는 뜻으로도 자주 쓰이는데, 이때에는 주어로 it이 쓰이는 게 대부분이다.

**⊙ 시간이 들다**

It **takes** over an hour to get there.
거기 가는 데엔 한 시간 이상 걸려.

**⊙ (교통수단을) 타다**

**Take** the shuttle to the terminal.
터미널로 가는 셔틀버스를 타.

You can **take** Bus #102 across the street.
길 건너에서 102번 버스를 타시면 되어요.

| Plus | **take off** (비행기가) 이륙하다

My flight **takes off** soon.
내 비행기가 곧 이륙해.

# get

99.2만번 ▮

'이르다, 가다'라는 뜻의 동사. 목적지에 어떻게 가는지를 물을 땐 go보다 get을 써보자. 'How do I get to ~? ~에 어떻게 가죠?'와 같이 쓰면 된다. 또한, 'get on 탑승하다, get off 하차하다'와 같이 전치사와 함께 '움직이다'라는 뜻으로도 자주 쓰인다.

**⊙ 이르다, 가다**

How do I **get** to the airport?
공항에는 어떻게 가지?

How can I **get** to the Holiday Hotel?
홀리데이 호텔에는 어떻게 갈 수 있나요?

**⊙ 움직이다**

Just **get** off at the City Center stop.
시티 센터 정거장에서 내리세요.

## Scene #1 비행기 놓치겠어!

A 공항에는 어떻게 가지?

B **Take the shuttle** to the terminal.
**It takes over an hour to get there**.

A Oh, man. 내 비행기 곧 이륙하는데.
I'd better get going then. ○ get -ing ~하기 시작하다

B Hope you don't get stuck in traffic. ○ get stuck in traffic
교통 체증에 갇히다

해석 A How do I get to the airport?
B 터미널로 가는 셔틀버스를 타.
거기 가는 데 한 시간 이상 걸려.
A 오, 이런. My flight takes off soon.
그렇다면 가기 시작하는 게(=출발하는 게) 좋겠네.
B 교통 체증에 갇히게 되지 않기를 바라.

## Scene #2 그냥 택시 탈래…

A **How can I get to** the Holiday Hotel?

B 길 건너에서 102번 버스를 타시면 되어요.
시티 센터 정거장에서 내리세요.
**It takes about 45 minutes**.

A Oh, that's too long.
I think I'll just **take a cab**.

해석 A 홀리데이 호텔에는 **어떻게 갈 수 있나요?**
B You can take Bus #102 across the street.
Just get off at the City Center stop.
약 45분 정도 걸려요.
A 이런, 너무 오래 걸리는데요.
그냥 택시를 탈까 봐요.

# take 문장 훈련 💬

◉ **(교통수단을) 타다**  take + 교통수단
◉ **시간이 들다**  It takes + 소요 시간

---

01  5번가로 가는 버스는 어디에서 탈 수 있나요?

↳ Where can I **take** a bus to 5th Avenue?

.................................................

02  공항에 가려면 어떤 지하철 노선을 타야 하나요?

↳ Which subway line should I **take** to go to
the airport?

.................................................

03  갈아타실 비행기가 5분 내로 이륙합니다.

↳ Your connecting flight **takes** off in 5 minutes.

☑ connecting flight 연결비행 편, 갈아탈 비행기
➕ take off (비행기가) 이륙하다 = leave

.................................................

04  기차로 얼마나 걸리나요?

↳ How long does it **take** by train?

➕ by subway[bus, cab…] 지하철[버스, 택시…]로   on foot 걸어서, 도보로

.................................................

05  그곳에 가려면 30분 정도 걸립니다.

↳ It **takes** about half an hour to get there.

➕ around ~ 정도   a while 꽤 오래   a lot 많이

.................................................

06  뭐가 이렇게 오래 걸려(=뭘 꾸물대)? 가자!

↳ What is **taking** so long? Let's go!

➕ What took you so long? 뭐가 그렇게 오래 걸렸어(=왜 늦었어)?

.................................................

# get 문장 훈련 💬

● **이르다, 가다**  get + 어디
● **움직이다**  get + 전치사 (+ 교통수단)

---

07 가장 가까운 병원에는 어떻게 가죠?

↳ How can I **get** to the nearest hospital?
- ☑ nearest 가장 가까운(=closest)
- ➕ pharmacy 약국
  a doctor's office (작은 규모의) 의원

........................................................

08 리버풀 스트리트 역으로는 어떻게 가죠?

↳ How do I **get** to Liverpool Street Station?

........................................................

09 5시까지 거기 가실 수 있나요? 안 그럼 저 비행기 놓쳐요!

↳ Can you **get** there by 5? Or I'll miss my flight!
- ☑ by ~까지

........................................................

10 너 태워줄게. (차에) 타!

↳ I'll give you a ride. **Get** in!
- ☑ give *someone* a ride ~를 태워주다
- ➕ Hop in! (차에) 올라 타!   drop *someone* off at 누구를 ~에 내려주다

........................................................

11 내가 기차를 잘못 탄 것 같은데.

↳ I think I **got** on the wrong train.

........................................................

12 우리 다음 정거장에서 내리자.

↳ Let's **get** off at the next stop.
- ➕ '이번에 내리자.'라는 의미

........................................................

이동할 때
## come & go

# come

62.8만번

'오다'라는 뜻의 동사. 두 가지 교통 관련 상황에 특히 많이 쓰는데, 하나는 'When does the bus come? 버스 언제 와요?'와 같이 교통수단의 스케줄을 물을 때이다. 다른 하나는 입국 수속 등의 상황에서 방문 목적을 밝히는 경우이다.

**○ 오다**

When does the next train **come**?
다음 기차는 언제 오나요?

It usually **comes** every 15 minutes or so.
보통 매 15분쯤마다 와요.

I **came** to pick up my rental car.
제 렌터카 찾으러 왔는데요.

I **came** here for a business trip.
여기에 출장차 왔습니다.

# go

115만번

'가다'라는 뜻의 동사. 입국 수속 등의 상황에서 본인의 행선지를 밝힐 때에도 쓰지만, 교통수단의 행선지를 물을 때에도 자주 쓴다. 'Does this bus[train] go to ~? 이 버스 [기차] ~에 가나요?'와 같이 쓸 수 있다.

**○ 가다**

Does this train **go** to the airport?
이 기차 공항에 가나요?

Which bus **goes** to the ferry terminal?
어느 버스가 여객선 터미널에 가나요?

I'm **going** to the Grand Canyon.
전 그랜드 캐니언에 갑니다.

| Plus | go through (절차를) 거치다 |
|---|---|

You need to **go through** immigration and customs.
입국 심사와 세관을 거쳐야 합니다.

## Scene #3 곧 기차가 들어와요~

A Excuse me. **이 기차 공항에 가나요?**

B Oh, yes. It does.

A Thanks. **다음 기차는 언제 오나요?**

B It usually **comes every 15 minutes or so**.  ❍ ~ or so ~정도, ~쯤

A It will be here soon enough, then.  ❍ soon enough 금세, 곧

해석
A 실례합니다. Does this train go to the airport?
B 오, 네. 가요.
A 감사해요. When does the next train come?
B 보통 매 15분쯤마다 와요.
A 그럼 금방 여기 오겠군요.

## Scene #4 렌터카로 미국 여행!

A **제 렌터카 찾으러 왔는데요.**  ❍ pick up 찾다
Here's my reservation email.

B It's a six-day rental, correct?

A Yes. By the way, **전 그랜드 캐니언에 갑니다.**
I'll return the car to the Arizona branch.

해석
A I came to pick up my rental car.
여기 제 예약 메일이요.
B 6일 임대, 맞으시죠?
A 네. 그나저나, I'm going to the Grand Canyon.
자동차는 애리조나 지사에 반납할게요.

# come 문장 훈련

❱ **오다** 교통수단 + come
　　　come + 장소, 방문 목적

---

01 　보스턴에 가는 기차는 얼마나 자주 오나요?

　↳ **How often does the train to** Boston **come**?

　　☑ How often ~? 얼마나 자주 ~?

⋯⋯⋯⋯⋯⋯⋯⋯⋯⋯⋯⋯⋯⋯⋯⋯⋯⋯⋯

02 　고속버스는 언제 오나요?

　↳ **When does the** express bus **come**?

　　☑ express bus 고속버스

⋯⋯⋯⋯⋯⋯⋯⋯⋯⋯⋯⋯⋯⋯⋯⋯⋯⋯⋯

03 　버스는 매 10분쯤마다 와요.

　↳ **The bus comes every 10 minutes or so.**

⋯⋯⋯⋯⋯⋯⋯⋯⋯⋯⋯⋯⋯⋯⋯⋯⋯⋯⋯

04 　한국의 인천공항에서 오는 겁니다.

　↳ **I'm coming from** Incheon, Korea.

⋯⋯⋯⋯⋯⋯⋯⋯⋯⋯⋯⋯⋯⋯⋯⋯⋯⋯⋯

05 　전 그냥 관광이나 좀 하러 온 겁니다.

　↳ **I just came for some** sightseeing.

　　☒ for a business trip 출장차　for vacation 휴가차

⋯⋯⋯⋯⋯⋯⋯⋯⋯⋯⋯⋯⋯⋯⋯⋯⋯⋯⋯

06 　이곳에 제 렌터카를 반납하러 왔어요.

　↳ **I came here to** return my rental car.

　　☑ return 반납하다

⋯⋯⋯⋯⋯⋯⋯⋯⋯⋯⋯⋯⋯⋯⋯⋯⋯⋯⋯

# go 문장 훈련 💬

❍ **가다** go + 장소

---

07  이 버스, 여객선 터미널에 가나요?

↳ Does this bus **go** to the ferry terminal?

☑ ferry 여객선

08  어떤 지하철 노선이 타임스 스퀘어 역에 가나요?

↳ Which line **goes to** Times Square Station?

09  어떤 버스가 보스턴 순수 미술관에 가나요?

↳ Which bus **goes to** the Museum of Fine Arts?

10  엠파이어 스테이트 빌딩에 가고 싶은데요.

↳ I want to **go** to the Empire State Building.

11  저는 출장차 펜실베이니아의 피츠버그에 갑니다.

↳ I'm **going** to Pittsburgh, Pennsylvania, for a business trip.

12  보안 검색을 거치실 땐 재킷과 벨트를 벗으세요.

↳ Take off your jacket and belt when you **go** through security.

☑ security (공항 등의) 보안 검색

이동할 때
## get & have

# get

99.2만번

'얻다'라는 뜻의 동사. 티켓, 기내 물품, 서비스 등 필요한 것을 구하고자 할 땐 언제든지 get을 유용하게 쓸 수 있다. 또, 'get a flat tire 타이어 펑크가 나다, get a ticket 딱지를 떼다'처럼 난처한 상황에 '처하다, 맞닥뜨리다'의 의미로도 자주 쓴다.

◐ **얻다**

Can I **get** two tickets for it?
그거 표 두 장 얻을 수 있을까요?

Are you **getting** the roadside assistance plan?
*노상 지원(=긴급 출동) 서비스도 받으시나요?

❍ *도로에서 차가 고장 난 경우, 수리 기사가 현장으로 출동하는 서비스

◐ **처하다,
맞닥뜨리다**

You might **get** a flat tire or a dead battery.
타이어 펑크가 나거나 배터리가 방전될 수도 있잖아요.

# have

430만번

'가지고 있다'라는 뜻의 동사. 어디로 가는 교통편, 티켓 등이 있는지를 묻거나, 기내에 어떤 물품이 구비되어 있는지를 물을 때 유용하게 쓸 수 있다. 'Do you have a flight to ~? ~로 가는 비행 편 있나요?'와 같이 쓴다.

◐ **가지고 있다**

Do you **have** any flights to L.A. tomorrow morning?
내일 아침 LA 가는 비행 편 없나요?

Sorry, but we **have** only one seat left.
죄송하지만, 남은 좌석이 하나밖에 없어요.

Do you **have** another SUV with higher gas mileage?
연비가 더 높은 다른 SUV 있나요?

## Scene #5 — 비행기를 놓치다니!

A  Excuse me. **내일 아침 LA 가는 비행 편 없나요?**
   I missed my connecting flight.  ● connecting flight 갈아탈 비행기

B  Oh, let me look. And... yes,
   we **have one at 8:45.**

A  Then, **그거 표 두 장 얻을 수 있을까요?**

B  Sorry, but we **have only one seat left.**

해석 A  실례합니다. Do you have any flights to L.A. tomorrow morning?
       제가 갈아탈 비행기를 놓쳤어요.
     B  오, 찾아볼게요. 근데... 네, 8시 45분에 하나 있네요.
     A  그럼, can I get two tickets for it?
     B  죄송하지만, 남은 좌석이 하나밖에 없어요.

## Scene #6 — 렌터카도 연비가 중요!

A  Hmm... **연비가 더 높은 다른 SUV 있나요?**  ● (gas) mileage 연비

B  Yes, we've got this bad boy.
   He runs almost 700 miles on a full tank.  ● on a full tank
                                               가득 주유하면

A  Let me **get this one** for a week, then.

B  Are you **getting the roadside assistance plan**?
   **타이어 펑크가 나거나 배터리가 방전될 수도 있잖아요.**

해석 A  흠... Do you have another SUV with higher gas mileage?
     B  네, 저희에게 이 엄청난 녀석이 있습죠.
        한 번 가득 채우면 거의 700마일을 달려요.
     A  그럼 **이 놈으로** 일주일 가져갈게요.
     B  긴급 출동 서비스도 받으시나요?
        You might get a flat tire or a dead battery.

# get 문장 훈련 💬

❱ **얻다** get + 필요한 것
❱ **처하다, 맞닥뜨리다** get + 난처한 상황

---

01 LA행 표를 한 장 더 얻을 수 있을까요? 비행기를 놓쳤어요.

↳ Can I **get** another ticket to L.A.?
I missed my flight.

02 귀마개랑 담요를 좀 받을 수 있을까요?

↳ Could I **get** some earplugs and a blanket?

☑ earplugs 귀마개

03 그걸로 마일리지는 얼마나 얻게 되나요?

↳ How much mileage do I **get** from it?

➕ 차를 렌트할 때 mileage는 '주행 거리'나 '연비'를 의미

04 걔 어젯밤 음주 운전으로 걸렸어.

↳ He **got** a DUI last night.

➕ Driving Under the Influence 음주 운전

05 지금 긴급 출동 서비스 받을 수 있을까요? 타이어가 막 펑크 나서요.

↳ Can I **get** roadside assistance now?
I just **got** a flat tire.

06 여기 주차하지 마세요. 딱지 떼요.

↳ Don't park here. You'll **get** a ticket.

➕ parking ticket 주차 딱지  speeding ticket 과속 딱지

---

# have 문장 훈련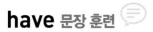

● **가지고 있다** have + 무엇

---

07    LA로 가는 오전 비행 편 없나요?

    ↳ Do you **have** any morning flights to L.A.?

......................................................................................................

08    1일 시내버스 탑승권이 있나요?

    ↳ Do you **have** a one-day city bus pass?

......................................................................................................

09    (렌탈로) 이용 가능한 소형 승용차는 없나요?

    ↳ Do you **have** any compact cars available?

      ☑ compact car 소형 승용차   available 이용 가능한

......................................................................................................

10    좌석 스크린에 쓸 헤드폰 없나요?

    ↳ Do you **have** any headphones for the seatback screen?

      ☑ seatback screen 좌석 뒤에 달린 스크린

......................................................................................................

11    다리 뻗을 공간이 넉넉한 복도 좌석 있나요?

    ↳ Do you **have** an aisle seat with extra legroom?

      ☑ legroom 다리를 뻗을 공간

......................................................................................................

12    저기요! 저 다리 둘 공간이 없다고요.

    ↳ Excuse me! I **have** no space for my legs.

      ✚ 앞사람이 좌석을 너무 뒤로 젖힐 때 쓸 수 있는 표현

......................................................................................................

이동할 때
# find & put

## find

**39.5**만번

'찾다'라는 뜻의 동사. 물건을 분실했거나 탑승 장소 등을 찾지 못하고 있을 때 유용하게 쓸 수 있는 표현이다. 'I can't find ~를 못 찾겠어요'와 같이 쓴다. 참고로 무엇을 '찾고 있는 중'이라고 표현하고 싶다면, find가 아닌 look for를 써야 한다.

○ **찾다**

I can't **find** my passport.
내 여권을 못 찾겠어.

You can **find** it outside to your right.
그건 나가서 오른쪽에서 찾으실 수 있으세요.

I need to **find** my way to Gate 11.
11번 게이트로 가는 길을 찾아야 하는데요.

- - - - - - - - - - - - - - - - - - - - - - - - - - - - - -

Plus  **look for**
찾고 있다

I'm **looking for** a restroom nearby.
가까운 곳에 있는 화장실을 찾고 있는데요.

## put

**23.7**만번

'두다'라는 뜻의 동사. 'put luggage in the luggage compartment 짐칸에 수하물을 싣다'와 같이 짐을 실을 때 가장 많이 쓰는 동사이다. 'put the seat back 좌석을 뒤로 젖히다, put the window down 창문을 내리다'와 같이 짐 외의 것들을 움직일 때도 유용하게 쓰인다.

○ **~에 두다**

You didn't **put** it in your checked baggage?
너 그거 탁송 수하물에 넣은 거 아니지?

Sorry, but where can I **put** my luggage?
죄송하지만, 짐을 어디에 두면 되죠?

Do you mind if I **put** my seat back?
제가 의자를 뒤로 젖혀도 괜찮으실까요?

## Scene #7  여권아 어디에 있니…!

**A** Oh no. 내 여권을 못 찾겠어.

**B** When did you have it last?

**A** I used it at check-in... ● check-in 탑승 수속 *숙박 맥락에선 '입실 절차'

**B** 너 그거 탁송 수하물에 넣은 거 아니지, did you?

**A** Oh, God. I hope not.

해석
  **A** 오, 이런. I can't find my passport.
  **B** 마지막으로 언제 갖고 있었는데?
  **A** 탑승 수속 때 사용했는데...
  **B** You didn't put it in your checked baggage, 그렇지?
  **A** 오, 이런. 그러지 않길 바라.

## Scene #8  이걸 어디에 두지?

**A** 죄송하지만, 짐을 어디에 두면 되죠?

**B** Oh, use that overhead compartment. ● overhead compartment
(좌석 위의) 수하물 칸

**A** But it doesn't fit in there.

**B** Then you can **put it in the luggage compartment**.
그건 나가서 오른쪽에서 찾으실 수 있으세요. ● luggage compartment
(좌석과 별도로 구분된) 짐칸

해석
  **A** Sorry, but where can I put my luggage?
  **B** 오, 그 수하물 칸을 사용하세요.
  **A** 근데 이거 저기에 안 들어가는데요.
  **B** 그러면 그걸 짐칸에 넣으셔도 되어요.
    You can find it outside to your right.

# find 문장 훈련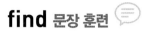

● **찾다** find + 물건, 위치

---

01 당신 짐을 찾으면 전화드리겠습니다.

↳ We'll call you when we **find** your luggage.

❏ lost and found 분실물 취급소

---

02 죄송하지만, 제가 KE050 항공편용 게이트를 못 찾겠네요.

↳ Sorry, but I can't **find** the gate for Flight KE050.

---

03 이 항공사의 *대형 수하물 수취대는 어디에서 찾을 수 있나요?

↳ Where can I **find** the oversized baggage claim for this airline?

❏ *일반적인 크기, 무게를 초과한 수하물, 고가 장비 등을 찾는 구역

---

04 주차장에서 제 자동차를 못 찾겠어요.

↳ I can't **find** my car in the parking lot.

☑ parking lot 주차장

---

05 자동차 렌탈 카운터는 어디에서 찾을 수 있을까요?

↳ Where can I **find** the car rental counters?

---

06 가까운 동전 사물함을 찾고 있어요.

↳ I'm **looking for** coin lockers nearby.

❏ '찾고 있는 중'이라고 할 땐, look for

---

# put 문장 훈련 💬

● ~에 두다  put + 무엇 + 어디

---

07  제 짐을 트렁크에 넣을 수 있을까요?

↳ Can I **put** my luggage in the trunk?

---

08  오, 미안합니다. 당신을 위해 제 가방을 치워드릴게요.

↳ Oh, sorry. Let me **put** my bag away for you.

➕ put away 멀리 두다 → 치우다

---

09  이 가방 (머리 위) 짐칸에 넣어주시겠어요?

↳ Would you **put** this bag in the overhead compartment?

---

10  차 창문 좀 내려줄래요? 차 안이 꽤 답답해서요.

↳ Would you **put** the window down? It's quite stuffy in here.

☑ stuffy 답답한, 숨 막히는

---

11  제가 의자를 뒤로 젖혀도 괜찮으실까요?

↳ Do you mind if I **put** my seat back?

➕ = recline (좌석을) 뒤로 기울이다

---

12  이 주소를 GPS에 입력해 주세요.

↳ Please **put** this address into the GPS.

---

# DAY 22

**이동할 때**
## like & need

## like

18.2만번

'원하다, 하고 싶다'라는 뜻의 동사. 요청 사항을 정중히 말할 때 가장 자주 쓴다. 'would like to ~하고 싶다, would like ~을 원하다'와 같이 would와 함께 쓰니 주의. 'I'd like to'와 같이 줄여 쓸 수도 있다.

**◎ ~하고 싶다**

I'd **like** to change my seat.
좌석을 바꾸고 싶은데요.

I would **like** to declare this whiskey.
이 위스키를 세관 신고하고 싶은데요.

**◎ 원하다**

What type of seat would you **like**?
어떤 종류의 좌석을 원하시나요?

Would you **like** the form in Korean, then?
그럼, 한글로 된 신고서를 원하시나요?

## need

27.6만번

'필요로 하다'라는 뜻의 동사. would like~는 '~가 있으면 좋겠는데요'라는 뉘앙스라면, need는 '꼭 좀 ~가 필요해서요'라는 뉘앙스이다. 때문에, 절차나 법규상 요구되는 것을 요청할 경우에는 주로 need를 쓴다. to부정사를 붙여서 '~해야 한다'라는 뜻으로도 쓴다.

**◎ 꼭 ~해야 된다**

I just **need** to see your passport.
손님 여권만 보면 됩니다.

Do I **need** to declare alcohol?
주류는 세관 신고해야 하나요?

**◎ ~이 필요하다**

Do you **need** my receipt?
제 영수증이 필요하신가요?

I **need** extra legroom.
다리 뻗을 공간이 넉넉히 필요해요.

## Scene #9

*제가 다리가 길어서…*

A 좌석을 바꾸고 싶은데요. Do you **need my receipt**?

B No, **I just need to see** your passport.

A Here you go.

B Thanks. So **what type of** seat **would you like**?

A 다리 뻗을 공간이 넉넉히 필요해요, so an aisle seat, please.

해석  A  I'd like to change my seat. 제 영수증이 필요하신가요?
　　 B  아니요, 손님 여권만 보면 됩니다.
　　 A  여기 있습니다.
　　 B  감사합니다. 그럼 어떤 종류의 좌석을 원하시나요?
　　 A  I need extra legroom, 그러니 복도 좌석으로 주세요.

## Scene #10

*한글로 된 건 없나…*

A 주류는 세관 신고해야 하나요?  ◑ declare (세관에 물품을) 신고하다

B Yes, any amount over 1 liter.

A Then I **would like to declare** this whiskey.

B Sure. Just fill out this customs form.  ◑ fill out (서류를) 작성하다

A I will **need a Korean translation for** this.

B 그럼, 한글로 된 신고서를 원하시나요?

해석  A  Do I need to declare alcohol?
　　 B  네, 1리터가 넘는 양은 다요.
　　 A  그렇다면 이 위스키를 세관 신고하고 싶은데요.
　　 B  그러시죠. 이 세관 신고 양식만 작성하세요.
　　 A  이거 한글 번역이 필요할 거 같은데요.
　　 B  Would you like the form in Korean, then?

# like 문장 훈련 💬

● **~하고 싶다** would like to 동사
● **원하다** would like + 무엇

---

01    GPS가 있는 SUV를 빌리고 싶습니다만.

     ↳ I'd **like** to rent an SUV with a GPS.

       ➕ SUV(Sport Utility Vehicle) 스포츠형 다목적 차량

......

02    이 네 병의 술을 세관 신고하고자 하는데요.

     ↳ I'd **like** to declare these four bottles of alcohol.

......

03    수하물을 분실해서 신고하고 싶은데요.

     ↳ I'd **like** to report some lost luggage.

       ☑ lost 분실된, 잃어버린

......

04    연비가 좋은 차를 원해요.

     ↳ I'd **like** a car with good gas mileage.

       ☑ gas mileage 연비

......

05    다음 기차 표 하나 주세요.

     ↳ I would **like** a ticket for the next train.

......

06    창가 좌석을 원하시나요 아니면 복도 좌석을 원하시나요?

     ↳ Would you **like** a window or aisle seat?

       ☑ a window seat 창가 좌석 ↔ an aisle seat 복도 좌석

......

# need 문장 훈련

◐ 꼭 ~해야 된다  need to 동사
◐ ~이 필요하다  need + 무엇

---

07 우리는 어느 정류장에서 내려야 하나요?

↳ At which stop do we **need** to get off?

---

08 제 교통 카드를 다시 충전해야 해요. (잔액이) 거의 비었어요.

↳ I **need** to refill my fare card. It's almost empty.

☑ fare card 교통 카드

---

09 탑승하기 위해 표를 보여줘야 하나요?

↳ Do I **need** to show my ticket to board?

☑ board (비행기나 배에) 탑승하다

---

10 실례합니다. 화장실을 꼭 사용해야 해서요.

↳ Excuse me. I **need** to use the restroom.

---

11 태워줄까? 그럼, 올라 타!

↳ Do you **need** a ride? Then, hop in!

☑ need a ride 얻어 타야 한다
➕ take a ride 타고 가다   give a ride 태워주다

---

12 우리 종이에 인쇄된 지하철 노선도가 필요할 것 같은데.

↳ I think we might **need** a printed subway map.

---

이동할 때
## stop & take

## stop

12.1만번

'멈추다'라는 뜻의 동사. 교통수단과 관련된 맥락에서는 주로 '(차가) 서다, (차를) 세우다'라는 뜻으로 많이 쓰인다. 'Stop at the crosswalk. 횡단보도에서 세워주세요.'와 같이 쓴다. 'stop -ing'의 형태로 쓰면 '~하기를 멈추다'라는 뜻이 된다.

**❯ 멈추다**

**Stop** at the corner of the building.
건물 모퉁이에서 세워주세요.

Can you **stop** at that crosswalk?
저 횡단보도에서 세워줄 수 있나요?

The seatback screen **stopped** working.
좌석 스크린이 작동을 멈췄어요.

## take

67만번

다양한 뜻의 동사이지만, 교통 맥락에선 누구를 어딘가로 '데려간다, 가져간다'라는 뜻으로 자주 쓰인다. 'Take me to ~. (택시 타서) ~로 데려다 주세요., take ~ on board ~을 기내에 갖고 타다'와 같이 전치사구와 함께 쓴다.

**❯ 데려가다**

**Take** me to the history museum downtown.
저 시내에 있는 역사박물관에 데려다 주세요.

I will just **take** you the back way.
그냥 손님 뒷길로 모실게요.

Don't forget to **take** your scarf with you!
스카프 가져가시는 것 잊지 마시고요!

Can I **take** my battery pack on board?
기내에 제 보조 배터리를 가져갈 수 있나요?

## Scene #11  네비대로만 가주세요~

**A** 저 시내에 있는 역사박물관에 데려다 주세요.

And step on it. ◦ step on it 밟아주세요 ↔ slow down 속도 줄여요

**B** Sure. But, look at this **stop-and-go traffic**... ◦ stop-and-go
가다 서다를
I will just **take you the back way**. 반복하는

**A** No, just follow the GPS, please.

And 건물 모퉁이에서 세워주세요.

해석 **A** Take me to the history museum downtown.
그리고 밟아주세요(=속도를 내 주세요).
**B** 그러죠. 근데, 이 가다 서다를 반복하는 교통을 보세요...
그냥 손님 뒷길로 모실게요.
**A** 아니요, GPS만 따라가 주세요.
그리고 stop at the corner of the building.

## Scene #12  잔돈은 가지세요~

**A** 저 횡단보도에서 세워줄 수 있나요? ◦ crosswalk 횡단보도

**B** Sure. The fare is $14.50.

**A** Here's $20. Keep the change. ◦ Keep the change. 잔돈은 가지세요.

**B** Thank you kindly.
Miss! 스카프 가져가시는 것 잊지 마시고요!

**A** Oh, thank you!

해석 **A** Can you stop at that crosswalk?
**B** 그러죠. 운임은 14.5달러입니다.
**A** 여기 20달러요. 잔돈은 가지세요.
**B** 정말 감사합니다.
손님! Don't forget to take your scarf with you!
**A** 오, 고마워요!

# stop 문장 훈련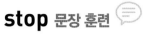

� **멈추다**  stop + 어디
stop + -ing

---

01  다음 횡단보도에서 세워주세요.

↳ **Stop** at the next crosswalk, please.

02  저쪽의 버스 정거장에서 세워줄 수 있나요?

↳ Can you **stop** at the bus stop over there?
  ☑ over there 저쪽에

03  이 버스 박물관에 서나요?

↳ Does this bus **stop** at the museum?

04  보통 지하철은 언제 운행을 멈추나요?

↳ When do the subways usually **stop** running?
  ☑ (버스나 지하철 등이) run 운행하다

05  운전 중에 전화하는 거 그만두세요! 위험하잖아요!

↳ **Stop** driving while talking on the phone!
It's dangerous!

06  좌석 스크린이 그냥 작동을 멈췄어요.

↳ The seatback screen just **stopped** working.

# take 문장 훈련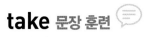

● **데려가다** take + 무엇 + 전치사구

---

07 저를 가장 가까운 병원으로 데려가 주세요.

↳ **Take** me to the nearest hospital.

☑ nearest 가장 가까운

---

08 이 구강청결제를 기내에 가지고 갈 수 있나요?

↳ Can I **take** this mouthwash on board?

---

09 당신을 역으로 데려다 드릴게요.

↳ Let me **take** you to the station.

---

10 당신 우리를 어디로 데려가는 거예요?

↳ Where are you **taking** us?

➕ 택시 이용 시에, 기사가 길을 잘못 든 것 같다면 꼭 물어보자.

---

11 짐 가져가시는 것 잊지 마세요.

↳ Don't forget to **take** your luggage with you.

☑ Don't forget to ~하는 거 잊지 마

---

12 저희를 홀리데이 호텔로 데려다 줄 수 있나요?

↳ Can you **take** us to the Holiday Hotel?

---

# DAY 24

**이동할 때**
## be & wait

---

## be

'있다'라는 뜻으로 자주 쓰인다. 'there is ~, here is ~'의 형태로도 쓰이고, 'I think you are in my seat. 제 자리에 계신 것 같은데요.'와 같이 전치사와도 자주 쓰인다. 'be on[behind] schedule 일정대로다[일정에 뒤쳐지다]'와 같이 시간 표현에도 쓰인다.

### ⊘ 있다

**Is** Flight ZE603 on schedule?
ZE603 비행 편은 일정대로인가요?

There **is** a capsule hotel here as well.
이곳에 캡슐 호텔도 있습니다.

Here **is** my return ticket.
여기 제 귀국 항공권이요.

✪ round trip ticket 왕복 항공권 ↔ one-way ticket 편도 항공권

---

## wait

'wait over an hour 한 시간 이상 기다리다, wait one's turn 누구의 차례를 기다리다'와 같이 'wait + 시간, 차례'의 형태로도 쓰지만, 'wait for something'과 같이 전치사 for 뒤에 기다리는 대상을 쓰기도 한다. 'wait in line'은 '줄을 서서 기다린다'는 표현이다.

### ⊘ 기다리다

**Wait** a minute.
잠깐만요.

Were you guys **waiting** in line?
당신들 줄 서서 기다리고 있었던 거예요?

I'll just **wait** my turn back there.
저기 뒤에서 그냥 제 차례를 기다릴게요.

I have **waited** more than 5 hours!
다섯 시간 넘게 기다렸다고요!

## Scene #13 또 지연이야?

A  ZE603 항공편은 일정대로인가요?

B  We're terribly sorry, miss.
   It's actually delayed for 3 hours.  ◦ delayed 지연된

A  Ugh... I can't stay at the transit hotel any longer.

B  Well, 이곳에 캡슐 호텔도 있습니다.  ◦ transit hotel 환승 중 머물 수 있는 호텔

A  **Where is that?**

해석  A  Is Flight ZE603 on schedule?
     B  정말 죄송합니다, 손님. 사실 3시간 지연됐어요.
     A  윽... 더 이상 환승 호텔에 머물 수도 없는데요.
     B  음, there's a capsule hotel here as well.
     A  그건 어디에 있나요?

## Scene #14 새치기 할 뻔 했네…

A  Hey, miss! **Wait a minute.**

B  Oh, 당신들 줄 서서 기다리고 있었던 거예요?

A  Yes, and you just cut in front of us.  ◦ in front of ~의 앞에

B  Sorry, I didn't mean to cut in line.  ◦ cut in line 새치기를 하다
   저기 뒤에서 그냥 제 차례를 기다릴게요, then.

해석  A  저기요! 잠깐만요.
     B  오, were you guys waiting in line?
     A  네, 그리고 당신이 방금 저희 앞에서 끼어들었죠.
     B  죄송해요, 새치기하려던 건 아니었어요.
        I'll just wait my turn back there, 그럼.

# **be** 문장 훈련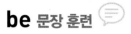

❍ **있다** be + 어디

---

01 바로 코앞에 매표소가 하나 있습니다.

↳ There **is** a ticket booth just around the corner.

　❏ just around the corner(코앞에)는 시간상 '얼마 남지 않았다'라는 의미도 있음

.................................................................

02 이코노미석 줄은 어디에 있나요?

↳ Where **is** the line for economy class?

　❏ business class 비즈니스석
　　first class 일등석

.................................................................

03 그것들은 탑승 수속 카운터 바로 옆에 있어요.

↳ They **are** right next to the check-in counters.

.................................................................

04 죄송하지만, 제 좌석에 앉아 계신 것 같은데요.

↳ Sorry, but I think you **are** in my seat.

.................................................................

05 제가 기차 제대로 탄 건가요? 로건 공항에 가는 길인데요.

↳ **Am** I on the right train? I'm on my way to Logan Airport.

　❏ on *one's* way to ~ ~로 가는 길이다　>> DAY 31 참조

.................................................................

06 설마 비행 편이 일정에 뒤쳐졌다는 건 아니겠죠!

↳ Don't tell me the flight **is** behind schedule!

　❏ Don't tell me~ 설마 ~라는 건 아니겠지

.................................................................

110

# wait 문장 훈련 💬

● **기다리다** wait + 다양한 전치사

---

07  선생님, 죄송하지만, 저희 다 줄 서서 기다리는 중인데요.

↳ Sir, sorry, but we all are **waiting** in line.

➕ get in line 줄을 서다    cut in line 새치기를 하다

---

08  여객선을 어디에서 기다려야 하나요?

↳ Where should I **wait** for the ferry?

☑ ferry 여객선

---

09  버스 어디야? 나 한 시간 넘게 기다렸다고.

↳ Where is the bus? I've **waited** over an hour.

---

10  저희가 얼마나 더 기다려야 하나요?

↳ How much longer do we have to **wait**?

---

11  브로드웨이 역으로 가는 기차를 기다리고 있는 것, 맞죠?

↳ You are **waiting** for a train to Broadway Station, right?

---

12  제 수하물이 나오길 한 시간 넘게 기다렸다고요.

↳ I have **waited** over an hour for my luggage to come out.

➕ wait for *something* to ~ 무엇이 ~하길 기다리다

---

# DAY 25

**이동할 때**
## be

## be

**1254만번**

'무엇이다'라는 뜻의 동사. 공항이나 기내에서 좌석이나 대기 줄을 확인할 때 유용하게 쓸 수 있다. 'I think this is my seat. 여기 제 좌석인 것 같은데요., Is this the line for ~ 여기가 ~ 대기 줄 맞나요?'와 같이 쓸 수 있다. 비행 탑승 수속이나 일정 변동과 관련하여 be동사가 과거분사와 함께 쓰이는 경우도 많다. 'be delayed 지연되다, be completely booked 완전히 예약이 차다' 등의 표현이 많이 쓰인다.

---

### ⊙ 무엇이다

I think this **is** my seat.
여기 제 좌석인 것 같은데요.

Oh, **isn't** this seat 53A?
오, 이 좌석이 53A 아닌가요?

No, that would **be** the window seat.
아뇨, 그건 창가 좌석일 거예요.

**Is** this the line for foreign passport holders?
이 줄이 해외 여권 소지자용 줄인가요?

### ⊙ 되다

Your flight to Incheon **is delayed** for another hour.
인천행 비행 편이 한 시간 더 지연되었네요.

All the flights **are** already completely **booked**.
비행 편이 이미 전부 완전히 예약이 찼네요.

Sir, smoking **is banned** inside the airplane.
선생님, 기내에서 흡연은 금지되어 있습니다.

## Scene #15 복도 좌석에 앉고팠는데…

A Excuse me. 여기 제 좌석인 것 같은데요.

B Oh, **isn't this seat 53A?**

A No, 그건 창가 좌석일 거예요.
**This is 53B**, an aisle seat.

B Oh, sorry, let me move over. ● move over (한 자리 옆으로) 옮겨 앉다

---

해석 A 실례합니다. I think this is my seat.
B 오, 이 자리 53A 아닌가요?
A 아니요, that would be the window seat.
여긴 53B, 복도 좌석이고요.
B 오, 미안해요, 옮겨 앉을게요.

## Scene #16 공항에 발이 묶였어!

A I am terribly sorry, sir.
But 인천행 비행 편이 한 시간 더 지연됐네요.

B You've gotta be kidding me. ● 지금 농담하는 거겠죠. → 말도 안 돼.
Then, do you have any flights tomorrow morning?

A Yes, but 비행 편이 이미 전부 완전히 예약이 찼네요.

---

해석 A 정말 죄송해요, 선생님.
그런데 your flight to Incheon is delayed for another hour.
B 말도 안 돼요.
그럼, 내일 아침 비행 편은 없어요?
A 네, 근데 all the flights are already completely booked.

# **be** 문장 훈련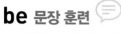

● **무엇이다** be + 좌석, 대기 줄

---

01  여기요. 당신 좌석은 7C입니다.

↳ Here you go. Your seat **is** 7C.

---

02  실례합니다. 여기가 53A, 창가 좌석 아닌가요?

↳ Excuse me. **Isn't** this 53A, the window seat?
☑ a window seat 창가 좌석

---

03  실례지만, 선생님. 여기 제 좌석 같은데요.

↳ Excuse me, sir. I believe this **is** my seat.

---

04  오, 당신 좌석은 7D, 복도 쪽 좌석이네요.

↳ Oh, yours **is** 7D, the aisle seat.
☑ an aisle seat 복도 쪽 좌석

---

05  죄송하지만, 여기가 이코노미석 대기 줄인가요?

↳ Sorry, **is** this the line for economy class?
➕ baggage drop (탑승 전) 수하물 위탁소

---

06  여기요. 이쪽으로 오세요. 여기가 해외 여권 소지자용 줄이에요.

↳ Here. Come this way. This **is** the line for foreign passport holders.
➕ 입국 심사 시 외국인[해외 여권 소지자]용 창구가 따로 있으니 주의!

---

# be 문장 훈련

◐ **되다** be + 과거분사

---

07 선생님, 기내에서 흡연은 금지되어 있습니다.

↳ Sir, smoking **is** banned inside the airplane.

........................................

08 비행 편이 30분 더 지연됐습니다.

↳ The flight **is** delayed for another 30 minutes.

........................................

09 손님, 죄송하지만요. 그 좌석들은 전부 이미 예약이 되어 있어요.

↳ I'm sorry, sir. But, those seats **are** all already reserved.
   ☑ reserve 예약하다

........................................

10 제 비행기가 취소됐는데요. 뭘 해야 하죠?

↳ My flight **is** canceled. What do I need to do?

........................................

11 내일 아침 비행 편들은 모두 완전히 예약이 다 찼어요.

↳ All the morning flights tomorrow **are** completely booked.
   ☑ book 예약하다

........................................

12 138번 항공기 탑승 수속이 모두 끝나셨습니다.

↳ You **are** all checked in for Flight 138.
   ☑ check in 탑승 수속을 하다

........................................

## 유용한 회화 표현 '얼마나?' 가격·시간 표현

How(얼마나)는 '가격'을 묻거나, '소요 시간'을 묻는 질문에서 유용하게 쓰이는데요. 가격은 How much ~?, 소요 시간은 How long ~?으로 물으면 됩니다.

How much ~?는 교통수단의 요금을 낼 때, 쇼핑을 할 때, 숙박비를 계산할 때 등, 돈을 내야 하는 상황이라면 어디서나 쓸 수 있습니다.

**How much** is the base fare?
(택시) 기본요금이 얼마예요?

**How much** is gift wrapping?
선물 포장은 얼마인가요?

**How much** is a suite for one night?
스위트룸은 하룻밤에 얼마예요?

How long~?은 식당의 대기 시간, 교통수단의 소요 시간 등을 물을 때 유용하게 쓸 수 있습니다.

**How long** should we wait?
저희 얼마나 기다려야 하나요?

**How long** does it take to get there?
거기 가는 데 얼마나 걸리나요?

# Chapter 5

# 관광할 때

## 11개 기초 동사면 영어로 원어민처럼 관광할 수 있다!

What does the package **come** with?
이 패키지는 무엇과 함께 나오나요?

Hey! **Keep** your hands off my bag!
이봐요! 내 가방에서 손 떼요!

I **am** kind of camera-shy.
제가 좀 사진 찍히는 걸 싫어해서요.

117

관광할 때
# go & get

## go

115만번

어디로 '가다'라는 뜻의 동사. 교통편의 목적지를 물을 때 주로 쓴다. 관광 맥락에서는 주로 '~하러 가다'라는 의미로 많이 쓰는데, 'go on a tour 관광을 하러 가다', 'go shopping 쇼핑하러 가다', 'go (to) see a movie 영화를 보러 가다'와 같이 쓴다.

> **가다**

Bus 12 **goes** there.
12번 버스가 그곳에 가요.

> **~하러 가다**

Tourists usually **go** shopp**ing** there, too.
관광객들이 보통 그곳에 쇼핑하러 가기도 해요.

We're **going on** a local food tour.
저희 지역 음식 관광을 하러 가는데요.

You should **go (to) see** the Tokyo Sky Tree.
도쿄 스카이 트리는 꼭 보러 가보셔야 해요.

## get

99.2만번

DAY 18에서 '이르다, 가다'라는 뜻으로 배웠었다. 관광 시에도 행선지로 가는 길을 물을 때 유용하게 쓸 수 있다. 'How do[can] I get to ~? ~로는 어떻게 가죠?'와 같이 쓴다. 필요한 정보나 물품을 요청할 때 '얻다'라는 뜻으로도 자주 쓰인다.

> **이르다, 가다**

How can I **get** to Market Square?
마켓 스퀘어에는 어떻게 갈 수 있나요?

Can I **get** there on foot, too?
거기 걸어서도 갈 수 있나요?

> **얻다**

Could I **get** some tourist brochures?
제가 관광객용 안내 책자를 좀 얻을 수 있을까요?

Where can I **get** a bus schedule?
버스 시간표는 어디서 얻을 수 있나요?

## Scene #1 먹방 찍으러 갑시다!

A 저희 지역 음식 관광을 하러 가는데요.
Where should I **go to try some street food**?

B There are a lot of food stands around the market.
**관광객들이 보통 그곳에 쇼핑하러 가기도 해요.** ○ food stand 음식 가판대

A Oh. Could I **get some tourist brochures**?

B Of course. Here you go. ○ brochure (안내·광고용) 책자

해석   A We're going on a local food tour.
          길거리 음식 좀 먹어보러 가려면 어디로 가야 되나요?
       B 시장 근처에 음식 가판대가 많이 있어요.
          Tourists usually go shopping there, too.
       A 오. 제가 관광객용 안내 책자를 좀 얻을 수 있을까요?
       B 물론이죠. 여기 있습니다.

## Scene #2 걸어가기엔 좀…?

A 마켓 스퀘어에는 어떻게 갈 수 있나요?

B Well, Bus 12 **goes there**.

A Oh, 버스 시간표는 어디서 얻을 수 있나요?

B At the bus stop, right over there.

A Can I **get there on foot**, too? ○ on foot 도보로

B Sure. In about 20 minutes.

해석   A How can I get to Market Square?
       B 흠, 12번 버스가 그곳에 가요.
       A 오, where can I get a bus schedule?
       B 버스 정거장에서요, 바로 저기요.
       A 거기 걸어서도 갈 수 있나요?
       B 물론이죠. 약 20분 정도 걸려요.

# go 문장 훈련 💬

❯ **가다**  go + 어디
❯ **~하러 가다**  go on, go -ing, go (to)동사

---

01  이 여객선 스태튼 섬에 가나요?

↳ **Does this** ferry **go** to Staten Island?

---

02  뭐, 2호선이 결국에 거기로 가기는 가죠.

↳ **Well, line number 2 eventually goes there.**
☑ eventually 언젠가는, 결국

---

03  우리는 곧 단체 관광을 하러 가요.

↳ **We're going on a group tour soon.**

---

04  우리는 나중에 현지 음식을 좀 먹으러 갈 거예요.

↳ **We will go to have some local food later.**
☑ local 지역의, 현지의
☑ local cuisine 지역 고유의 요리

---

05  나는 내년에 유럽 여기저기에 배낭여행하러 갈 거야.

↳ **I'll go backpacking around Europe next year.**
☑ around 빙 둘러, 여기저기에

---

06  도쿄 스카이 트리를 보러 가려면 어디로 가야 하나요?

↳ **Where can I go to see the Tokyo Sky Tree?**

# get 문장 훈련

◐ **이르다, 가다** get + 어디
◐ **얻다** get + 무엇

---

07 공원 입구에는 어떻게 가나요?

↳ How do I **get** to the park entrance?

☑ entrance 입구

⋯⋯⋯⋯⋯⋯⋯⋯⋯⋯⋯⋯⋯⋯⋯⋯⋯⋯

08 동물원에 버스로도 갈 수 있나요?

↳ Can I **get** to the zoo **by bus**, too?

➕ Can I walk[drive] there? 거기 걸어갈[운전해 갈] 수 있나요?

⋯⋯⋯⋯⋯⋯⋯⋯⋯⋯⋯⋯⋯⋯⋯⋯⋯⋯

09 거기까지 가는 가장 빠른 길은 무엇인가요?

↳ What's the fastest way to **get** there?

⋯⋯⋯⋯⋯⋯⋯⋯⋯⋯⋯⋯⋯⋯⋯⋯⋯⋯

10 와이파이 접근권은 어떻게 얻을 수 있나요?

↳ How can I **get** Wi-Fi access?

☑ access 접속 권한, 접근권

⋯⋯⋯⋯⋯⋯⋯⋯⋯⋯⋯⋯⋯⋯⋯⋯⋯⋯

11 이 돌고래 쇼 티켓은 어디에서 구할 수 있나요?

↳ Where can I **get** a ticket for this dolphin show?

⋯⋯⋯⋯⋯⋯⋯⋯⋯⋯⋯⋯⋯⋯⋯⋯⋯⋯

12 이 지역의 지도를 얻을 수 있을까요?

↳ Could we **get** a map of this area?

☑ area 지역

⋯⋯⋯⋯⋯⋯⋯⋯⋯⋯⋯⋯⋯⋯⋯⋯⋯⋯

# DAY 27

**관광할 때**

## have & tell

# have

430만번

'가지고 있다'라는 뜻의 동사. 관광지에서 찾는 물품이나 서비스가 있는지를 물어볼 때, 관련 직원이 여행객에게 표나 여권이 있는지 등을 물어볼 때 유용하게 쓰인다. 'Do you have ~? ~가 있나요?'와 같이 많이 쓴다.

**⊘ 가지고 있다**

Do you **have** a ticket?
표가 있으신가요?

(Do) I have to **have** one?
(표를) 하나 갖고 있어야 하나요?

Oh, do you **have** a park map?
오, 공원 지도를 갖고 있나요?

We **have** various tour options for groups.
저희에겐 단체를 위한 다양한 관광 프로그램들이 있습니다.

# tell

38.8만번

'말해주다, 알려주다'라는 뜻의 동사로, 가까운 길을 물을 때 가장 많이 쓴다. say나 talk과는 달리, 'tell + 누구에게 + 무엇을'의 형태로 목적어를 두 개 사용한다. 'Can[Could] you tell me where ~ is? ~가 어디 있는지 알려주시겠어요?'의 형태로 쓴다.

**⊘ 말해주다**

Can you **tell** me where to board the ferry?
어디에서 여객선에 승선하는지 알려주실 수 있나요?

Can you **tell** me where the maze garden is?
미로정원이 어디에 있는지 알려주실 수 있나요?

They will **tell** you which direction it is.
그것들이 그게 어느 방향인지 알려줄 거예요.

Could you **tell** me how to get there?
그곳에 어떻게 가는지 알려주실 수 있나요?

## Scene #3 표 있으신가요?

A **어디에서 여객선에 승선하는지 알려주실 수 있나요?**

B It boards at the end of the pier.  ◎ pier 부두

**표가 있으신가요?**

A No... I have to **have one**?  ◎ one 앞서 말한 것과 같은 종류의 것(=표)

B Yes, but you can buy one inside that building.

A Oh, thanks. I'll go and buy one now.

해석
A Can you tell me where to board the ferry?
B 부두 끝에서 승선합니다.
　Do you have a ticket?
A 아니요... (표를) 하나 갖고 있어야 하나요?
B 네, 근데 저 건물 안에서 하나 살 수 있어요.
A 오, 고맙습니다. 지금 가서 하나 살게요.

## Scene #4 표지판이 알려줄 거야!

A Excuse me.

Can you **tell me where the maze garden is**?

B **오, 공원 지도를 갖고 있나요?**

A Yes. It says it's somewhere nearby, but...  ◎ the map says ~
　지도에 따르면 ~이다

B Oh, you see those signs over there, then?

**그것들이 그게 어느 방향인지 알려줄 거예요.**

해석
A 실례합니다.
**미로정원이 어디에 있는지 알려주실 수 있나요?**
B Oh, do you have a park map?
A 네. 지도에 따르면 근처 어디라고는 하는데...
B 아, 저기 저 표지판들 보이시죠, 그럼?
　They will tell you which direction it is.

# have 문장 훈련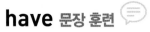

● **가지고 있다** have + 무엇

---

01 한국어로 된 관광객용 안내 책자는 없나요?

↳ Do you **have** any tourist brochures in Korean?

.....

02 혹시라도, 단체 할인이 있나요?

↳ Do you, by any chance, **have** a group discount?
  ☑ by any chance 혹시라도

.....

03 이제 여러분 모두 여행 일정표 갖고 계신가요?

↳ Do you all **have** a tour itinerary now?
  ☑ itinerary 여행 일정표

.....

04 저 관광객 할인 쿠폰을 갖고 있어요.

↳ I **have** a tourist discount coupon.

.....

05 지금은 여권을 가지고 있지 않은데요.

↳ I don't **have** my passport with me right now.

.....

06 식당 추천할 곳 없나요?

↳ Do you **have** any recommendations for a restaurant?
  ☑ recommendation 추천

.....

# tell 문장 훈련

● **말해주다**  tell + 누구 + 정보

---

07　이 그림에 대해 더 말해줄 수 있나요?

↳ Can you **tell** me more about this painting?

............................................................

08　화장실이 어디 있는지 알려주실 수 있나요?

↳ Could you **tell** me where the restroom is?

　　☑ Could you~?는 Can you~?보다 더 정중한 뉘앙스

............................................................

09　가장 가까운 우체국이 어디 있는지 알려주시겠어요?

↳ Would you **tell** me where the nearest post office is?

............................................................

10　그거 철자가 어떻게 되는지 알려주시겠어요?

↳ Could you **tell** me how to spell that?

　　☑ spell 한 자 한 자 철자를 쓰다

............................................................

11　여객선 티켓은 어디에서 사는지 알려주실 수 있나요?

↳ Can you **tell** me where to buy a ferry ticket?

............................................................

12　설마 공연이 취소됐다는 건 아니겠죠.

↳ Don't **tell** me the show has been canceled.

　　☑ Don't tell me ~ 설마 ~라는 건 아니겠지

............................................................

관광할 때
## take & keep

## take

관광에서 제일 중요한 표현, 'take a photo[picture] 사진을 찍다'에서 빠질 수 없는 동사이다. '~의 사진을 찍다'는 'take a photo[picture] of~'라고 표현한다. '한 장 더 찍다'라고 할 때는 'take one more shot'이라고 표현한다.

**◐ 사진을 찍다**

You can't **take** photos here.
여기서는 사진을 찍으실 수 없습니다.

Would you **take** a picture for us?
저희를 위해 사진 좀 찍어주실래요?

How should I **take** it?
어떻게 찍으면 좋을까요?

## keep

'계속 ~하다, ~하게 유지하다'라는 뜻의 동사. 무언가를 하지 못하도록 '금지'할 때 많이 접하게 되는 표현이다. 'Keep away[out] 접근[출입]금지'와 같이 보어나 전치사가 바로 나오기도 하고, 'keep the flash off 플래시를 꺼두다'와 같이 목적어 뒤에 나오기도 한다.

**◐ 계속 ~하다**

**Keep** away from the artworks.
예술 작품에서 계속 떨어져 있으세요(→ 가까이 가지 마세요).

Please, **keep** quiet here.
이곳에서는 조용히 해주세요.

**◐ 계속 ~하게
하다**

Even if I **keep** the flash off?
제가 플래시를 계속 꺼져 있게 해도요(→ 꺼두어도요)?

Just **keep** it off.
그냥 꺼두세요.

## Scene #5 — 박물관에선 사진 금지!

**A** Miss. **여기서는 사진을 찍으실 수 없습니다.**

**B** Even if I **keep the flash off**?

**A** Yes. Photography is not allowed.  ◎ be allowed 허가되다
Please, turn your phone off and
**예술 작품에 가까이 가지 마세요.**

**B** You've got to be kidding me.  ◎ = 지금 농담하는 거겠지. → 말도 안 돼.

해석
**A** 선생님. You can't take photos here.
**B** 제가 플래시를 꺼두어도요?
**A** 네. 사진은 안 됩니다.
핸드폰을 끄고 keep away from the artworks.
**B** 말도 안 돼요.

## Scene #6 — 사진 한 장 부탁해요~

**A** **저희를 위해 사진 좀 찍어주실래요?**

**B** Sure. How should I **take it**?

**A** Can you get that statue in the background?

**B** OK. What about the flash?  ◎ background 배경 ↔ foreground 전경

**A** **그냥 꺼두세요.** It's bright enough in here.

◎ bright 밝은 ↔ dim 어둑한

해석
**A** Would you take a picture for us?
**B** 물론이죠. 어떻게 **찍으면** 좋을까요?
**A** 저 동상을 배경에 넣어주실 수 있나요?
**B** 알겠어요. 플래시는 어떻게 할까요?
**A** Just keep it off. 여기 안이 충분히 밝네요.

# take 문장 훈련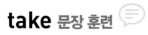

**◐ 사진을 찍다** take + 사진

---

01   내 사진은 찍지 말아줄래? 내가 사진 찍히는 걸 꽤 싫어해서.

↳ Would you not **take** my picture? I'm quite camera-shy.

☑ camera-shy 카메라를 피하는, 사진 찍히는 걸 싫어하는

.................................................

02   여기서 사진을 찍어도 될까요? 플래시는 끄고요.

↳ May I **take** a photo here? With the flash off.

☑ on 켜진  off 꺼진

.................................................

03   나랑 같이 사진 찍을래요?

↳ Will you **take** a photo with me?

➕ selfie 셀카

.................................................

04   저희 네 사람 사진 좀 찍어주시겠어요?

↳ Would you **take** a photo of the four of us?

.................................................

05   당신 개 사진을 찍어도 괜찮을까요?

↳ Do you mind if I **take** a picture of your dog?

.................................................

06   딱 한 장만 더 찍게 해 주세요.

↳ Let me **take** just one more shot, please.

➕ '사진'을 의미하는 표현들: photo, picture, shot

.................................................

# keep 문장 훈련

● **계속 ~하다** keep + 어떠하다
● **계속 ~하게 하다** keep + 무엇 + 어떠하다

---

07 실례합니다. 직원 전용이에요. 출입하지 말아주세요.

↳ Excuse me. Staff only. Please, **keep** out.

---

08 진열 상자에 가까이 가지 말아주세요.

↳ Please **keep** away from the display case.

☑ display case 진열 상자

---

09 박물관에서는 플래시를 꺼두세요.

↳ Please **keep** your flash off in the museum.

---

10 이봐요! 내 가방에서 손 떼요!

↳ Hey! **Keep** your hands off my bag!

⊞ let go of ~을 (손에서) 놓다

---

11 여기 골목이 혼잡합니다. 아이들에게서 눈 떼지 마세요.

↳ This alley is crowded. **Keep** your eyes on your children.

☑ alley 골목  crowded 혼잡한
⊞ keep an eye on ~을 계속 지켜보다, 돌보다

---

12 얘들아, 제발! 목소리 좀 작게 해주렴.

↳ Kids, please! **Keep** your voices down.

---

# DAY 29

관광할 때
## like & come

## like

18.2만번

'원하다, 하고 싶다'라는 뜻의 동사로 앞서 여러 번 복습했었다. would와 함께 써서 'would like ~, would like to~'의 형태로 쓴다. 'Would you like me to ~? 제가 ~했으면 하시나요?'와 같이 like와 to동사 사이에 사람을 넣어 사역동사처럼 쓸 수도 있다.

**◎ 원하다**

I'd **like** more information about your tour package.
관광 패키지에 대한 정보를 더 얻고 싶은데요.

I'd **like** an audio guide for this exhibition.
이 전시의 오디오 가이드를 원해요.

**◎ ~하고 싶다**

Would you **like** me to try again?
내가 다시 한 번 해봤으면 하니?

I'd **like** to visit the Eiffel Tower.
나는 에펠 탑을 방문하고 싶어.

## come

62.8만번

DAY 07, 13에서 '(상품 등이) 나오다'라는 뜻으로 배웠었다. 여행상품의 구성(픽업 서비스, 가이드, 식사 등)과 관련된 내용을 캐물을 때 유용하게 쓸 수 있다. 비슷한 의미로 '(사진이 어떻게) 나오다'라는 뜻으로도 자주 쓰인다.

**◎ (물건, 상품이) 나오다**

Does it **come** with lunch and dinner?
점심식사와 저녁식사가 함께 나오나요?

The package **comes** with pick-up service.
이 패키지는 픽업 서비스와 함께 나옵니다.

**◎ (사진이) 나오다**

That photo didn't **come** out very well.
그 사진 잘 나오진 않았는걸.

It may **come** out better with the flash.
플래시가 있으면 더 잘 나올지도 몰라.

## Scene #7  한 장 더 찍어볼까?

A  Oh, that photo didn't **come out very well**.
내가 다시 한 번 해봤으면 하니?

B  Please. 플래시가 있으면 더 잘 나올지도 몰라.

A  OK, let me turn it on. ○ turn on 켜다 ↔ turn off 끄다

B  Thanks. Ready when you are. ○ Ready when you are. 난 준비됐어.

해석  A  오, 그 사진 잘 나오지는 않았는걸.
     Would you like me to try again?
     B  부탁할게. It may come out better with the flash.
     A  알겠어, 켤게.
     B  고마워. 난 준비됐어.

## Scene #8  여행 상품은 꼼꼼히!

A  관광 패키지에 대한 정보를 더 얻고 싶은데요.
Does it **come with lunch and dinner**?

B  It includes lunch each day, but not dinner. ○ include ~을 포함하다

A  Got it. Do you pick us up at the airport? ○ pick up ~을 데리러 가다

B  Yes. 이 패키지는 픽업 서비스와 함께 나옵니다.

해석  A  I'd like more information about your tour package.
     점심식사와 저녁식사가 함께 나오나요?
     B  매일 점심식사는 포함되지만, 저녁식사는 아닙니다.
     A  알겠어요. 저희를 공항에 태우러 오나요?
     B  네. The package comes with pick-up service.

# like 문장 훈련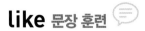

❷ **원하다** would like + 무엇
❷ **~하고 싶다** would like to 동사   would like + 누구 + to 동사

---

01 오늘 밤 공연 티켓을 두 장 얻고 싶은데요.

↳ I would **like** two tickets for tonight's show.

---

02 어떤 관광 옵션을 원하시나요?

↳ Which tour option would you **like**?
  ☑ option 옵션, 선택지

---

03 한국어로 된 책자를 원해요, 만약 하나 갖고 있다면요.

↳ I'd **like** a Korean brochure, if you have one.

---

04 제 여행 일정표를 약간 바꾸고 싶어요.

↳ I'd **like** to change my itinerary a bit.
  ☑ itinerary 여행 일정표

---

05 죄송하지만, 제 티켓을 취소해주셨으면 좋겠는데요.

↳ Sorry, but I'd **like** you to cancel my ticket.

---

06 제가 가이드 투어를 예약했으면 하시나요?

↳ Would you **like** me to book the guided tour?
  ➕ a guided tour (박물관 내 도슨트 등의) 안내원이 딸린 투어

---

# come 문장 훈련 💬

● **(물건, 상품이) 나오다** come with + 무엇
● **(사진이) 나오다** come out + 어떠하게

---

07  이 패키지는 무엇과 함께 나오나요?

↳ What does the package **come** with?

  ➕ ≒ What does the package provide[offer]? 이 패키지는 무얼 제공하나요?

..............................................................................

08  이 여행 상품은 식사와 함께 나오지 않습니다.

↳ The tour package doesn't **come** with meals.

..............................................................................

09  이 관광 패키지는 공항에 내려주는 서비스하고 같이 나오나요?

↳ Does this tour package **come** with airport drop-off service?

  ➕ drop-off service (공항에) 데려다주는 서비스
    pick-up service (공항 등에) 태우러 가는 서비스

..............................................................................

10  (사진이) 저기서 더 잘 나올지도 몰라요.

↳ It may **come** out better from over there.

..............................................................................

11  플래시가 없으면 더 잘 나올지도 몰라요.

↳ It might **come** out better without the flash.

..............................................................................

12  와. 이 사진에서 너 정말 잘 나왔다!

↳ Wow. You **came** out great in this photo!

..............................................................................

관광할 때
# look & see

# look

49.1만번

'look for 찾다'라는 표현에서 자주 쓰이는 동사. '찾아냈다, 발견했다'라는 뉘앙스의 find와는 달리, '찾고 있다'라는 뉘앙스가 강해 진행형으로 자주 쓴다. 사진 등에서 어떻게 '보인다'라는 뜻으로도 쓰인다. 'look like ~'는 '~처럼 보인다'라는 뜻이다.

❯ **~을 찾다**

I'm **looking for** a place to exchange money.
돈을 환전할 장소를 찾고 있어요.

I'm **looking for** the information desk.
안내 데스크를 찾고 있어요.

❯ **~하게 보이다**

You **look** like a serial killer in this picture!
너 이 사진에서 연쇄 살인범처럼 보여!

I just wanted to **look** cool.
난 그저 멋지게 보이고 싶었던 건데.

# see

66.3만번

'보다'라는 뜻의 동사. 의도적으로 쳐다본다, 바라본다는 뉘앙스의 look at, watch와는 달리, 시야에 들어와 눈에 '보인다'라는 뉘앙스가 강하다. 'I see a bank. 은행이 보이네요., You'll see a bank. 은행이 보일 거예요.'와 같이 쓴다.

❯ **보다**

You'll **see** a bank on the far corner.
멀리 모퉁이에서 은행이 보일 거예요.

I **see** the sign there.
저기 간판이 보이네요.

**See** that creepy smile?
저 소름 끼치는 미소 보여?

## Scene #9 — 오 저기 보이네요!

**A** 돈을 환전할 장소를 찾고 있어요.

**Where's the nearest bank?**

**B** Walk to that intersection. ● intersection 교차로

**멀리 모퉁이에서 은행이 보일 거예요.**

**You can't miss it.** ● 놓칠 수 없어요. → 바로 보여요.

**A** Oh, yeah. I **see the sign** there.

해석 A I'm looking for a place to exchange money.
가장 가까운 은행이 어디에 있나요?

B 저 교차로로 걸어가세요.

You'll see a bank on the far corner.

바로 보일 거예요.

A 오, 네. 저기 간판이 보이네요.

## Scene #10 — 내 썩소 어떡해…

**A** Look! 너 이 사진에서 연쇄 살인범처럼 보여!

**See that creepy smile?** ● creepy 소름 끼치는

**B** Ugh. I do **look creepy**…

**난 그저 멋지게 보이고 싶었던 건데.**

**A** Hey, no worries.

Let's just take another shot.

해석 A 이것 봐! You look like a serial killer in this picture!
저 소름 끼치는 미소 보여?

B 윽. 나 진짜 소름 끼치게 보이네…

I just wanted to look cool.

A 이봐, 걱정 마.

그냥 또 한 장 찍어보자.

135

# look 문장 훈련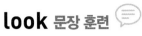

> **~을 찾다** look for + 찾는 대상
> **~하게 보이다** look + 어떠하게

---

01 도와주세요. 제가 있던 여행 단체를 찾고 있어요.

↳ Help me. I'm **looking for** my tour group.

　➕ 아직 찾고 있어. → I'm still looking for[finding] it.
　　찾았다! → I found[looked for] it!

---

02 저희는 싼 오락거리를 찾고 있어요.

↳ We're **looking for** some cheap entertainment.

---

03 저는 올인원 1일 관광 상품을 찾고 있어요.

↳ I'm **looking for** an all-inclusive day trip.

　☑ all-inclusive 모두 포함된(=올인원)

---

04 또 한 장 찍자. 넌 이것보다 실물이 더 나아 보여.

↳ Let's take another shot. You **look** way better than this.

　☑ way 훨씬

---

05 너 이 사진에서 정말 행복해 보인다.

↳ You **look** so happy in this photo.

---

06 설마! 이거 너처럼 안 보여.

↳ Get out! This doesn't **look** like you.

　➕ look like *something* ~같이 보이다

---

# **see** 문장 훈련

◑ **보다** see + 무엇

---

07 저 건물 보이나요? 저게 그 장소예요.

↳ Do you **see** that building? That's the place.

---

08 전에 그랜드 캐니언을 본 적이 있나요?

↳ Have you **seen** the Grand Canyon before?

---

09 도시의 가장 좋은 전망은 어디에서 보일까요?

↳ Where can I **see** the best view of the city?
☑ view 전망
◘ night view 야경

---

10 우리가 혹시라도 야생 동물을 보게 될 것 같나요?

↳ Do you think we'll **see** any wildlife?
☑ wildlife 야생 동물

---

11 쭉 가세요, 그러면 호텔이 보일 거예요.

↳ Go straight, and you'll **see** the hotel.
◘ Turn right[left]. 오른쪽[왼쪽]으로 도세요.

---

12 거대한 시계탑이 보일 거예요. 바로 보여요.

↳ You'll **see** a huge clock tower. You can't miss it.
☑ huge 거대한

---

**관광할 때**

# be

**be**

**1254만번**

관광 시에 자주 쓰게 되는 be동사 표현들을 배워보자. 관광 상황에선 아무래도 처음 해보는 것들이 많은데, 그 때엔 'This is one's first time (to ~) ~하는 게 이번이 처음이다' 라는 표현을 유용하게 쓸 수 있다. 어딘가에 가는 도중에 길을 잃었다면, 'be on one's way to ~에 가는 길이다' 라는 표현을 과거형으로 써보자. 또, 박물관 등에서 'Is something included in admission? ~이 입장료에 포함되어 있나요?'라는 질문도 꽤나 유용하게 쓸 수 있다.

---

⊙ **(~하는 게) 처음이다**

**Is** this **your first time** here in New York?
여기 뉴욕은 처음이세요?

This **is my first time** to try Thai food.
태국 음식 먹어보는 건 처음이에요.

⊙ **~에 가는 길이다**

I **was on my way to** the Empire State Building.
엠파이어 스테이트 빌딩에 가는 길이었는데요.

We **are** now **on our way to** our next destination.
우리는 지금 다음 목적지에 가고 있는 길입니다.

⊙ **포함되어 있다**

The fee **is included** in admission.
요금은 입장료에 포함되어 있어요.

All the current exhibitions **are included** with your pass.
손님 입장권에는 모든 현 전시작들이 포함되어 있어요.

⊙ **사진 관련 표현**

I **am** kind of camera-shy.
제가 좀 사진 찍히는 걸 싫어해서요.

Wow. You **are** very photogenic!
우와. 너 정말 사진발 잘 받는다!

## Scene #11 첫 뉴욕 방문!

**A** Excuse me. Could you tell me where I am now?
**엠파이어 스테이트 빌딩에 가는 길이었는데요.**

**B** Oh, that's it across the street.

**A** Oh, so it is. Thanks!

**B** 여기 뉴욕은 처음이세요?

**A** Yes, we are tourists.

해석 
A 실례합니다. 제가 지금 어디에 있는지 알려주실 수 있나요?
  I was on my way to the Empire State Building.
B 오, 길 건너에 있는 저거예요.
A 오, 그렇군요. 감사해요!
B Is this your first time here in New York?
A 네, 저희는 관광객이에요.

## Scene #12 유카타를 입는 온천이래!

**A** Sorry, but do I have to pay to rent a yukata, too?

**B** Oh, no. **요금은 입장료에 포함되어 있어요.** ● admission 입장료

**A** Oh, good. By the way, you would **be really photogenic** in that yukata.
Do you mind if I take your picture?

**B** Sorry, sir. 제가 좀 사진 찍히는 걸 싫어해서요.

해석
A 죄송하지만, 유카타 빌리는 데도 돈을 내야 하나요?
B 오, 아뇨. The fee is included in admission.
A 오, 좋네요. 그나저나, 그 유카타를 입어서 **정말 사진발이 잘 받을 것 같아요.**
  제가 그쪽 사진 찍어도 괜찮으실까요?
B 죄송합니다. I am kind of camera-shy.

# **be** 문장 훈련 💬

◐ (~하는 게) 처음이다  be one's first time (to 동사)
◐ ~에 가는 길이다  be on one's way to ~

---

01  여기가 처음이세요? 그럼 이 안내 책자를 읽어보세요.

↳ **Is** this your first time here? Then read this brochure.

02  유카타를 입어 보는 건 이게 처음이에요.

↳ This **is** my first time to put on a yukata.
☑ put on 입다, 착용하다

03  당신 고장의 요리를 먹어보는 건 처음이에요.

↳ It **is** my first time to try your local cuisine.
☑ local 동네의, 그 지역의  cuisine 요리; 요리법

04  저는 제 호텔방으로 돌아가는 길이었는데요.

↳ I **was** on my way back to my hotel room.

05  저희는 과학관에 가는 길이었는데요.

↳ We **were** on our way to the science center.

06  됐어요. 제가 어디 좀 가는 길이라서요.

↳ No thanks. I **am** on my way somewhere.
➕ 길에서 호객 행위 등을 하는 사람에게 쓸 수 있는 거절 표현
☑ No thanks. (정중한 거절의 의미로) 됐습니다. 괜찮아요.

# **be** 문장 훈련

● **포함되어 있다**  be included in ~
● **사진 관련 표현**  be + 어떠하다

---

07   올인원 투어에는 무엇이 포함되어 있나요?

↳ What **is** included in the all-inclusive tour?
☑ all-inclusive 모두 포함된(=올인원)

........................................................

08   죄송하지만, 세금은 가격에 포함되어 있지 않습니다.

↳ Sorry, but tax **is** not included in the price.

........................................................

09   정원 관광이 입장료에 포함되어 있어요.

↳ A garden tour **is** included in admission.

........................................................

10   난 빼줘. 내가 사진 찍히는 걸 꽤 싫어해서.

↳ Count me out. I **am** quite camera-shy.
☑ Count me out. 난 빼줘. ↔ Count me in. 나도 껴줘.

........................................................

11   이 각도는 잘 나오지가 않네. 다른 각도로 시도해보자.

↳ This angle **isn't** flattering. Let's try another.
☑ flattering 아첨하는 → (사진, 각도 등이) 실물 이상으로 잘 나오는

........................................................

12   난 사진 찍기 좋아하고. 너는 사진발 잘 받고. 완벽하네!

↳ I am a shutterbug. You **are** photogenic.
It's perfect!
☑ shutterbug 사진 찍기 좋아하는 사람

........................................................

## 유용한 회화 표현 '언제, 몇 시?' 시간 표현

즐겁고 원활한 여행을 위해 시간 엄수는 필수! 시간을 물을 때 사용하는 표현인 when과 what time을 배워봅시다.

먼저, when은 '언제'를 물을 때 가장 쉽게 쓸 수 있는 표현입니다.

**When** will the table be ready?
자리가 언제 준비될까요?

**When** does the pool open?
수영장이 언제 열리나요?

**When** is *Deadpool 2* coming out?
데드풀 2는 언제 개봉하나요?

when과 같은 표현으로 what time을 쓸 수 있습니다. 직역하자면 '몇 시'로, when보다 더 구체적인 시간을 알고 싶을 때 종종 사용됩니다.

**What time** should I check in?
몇 시에 체크인해야 하나요?

**What time** are you open until?
몇 시까지 영업하세요?

**What time** is the next flight?
다음 비행기는 몇 시인가요?

# Chapter **6**

# 긴급 상황에

**10개 기초 동사면 영어로 원어민처럼 긴급 상황에 대처할 수 있다!**

I **got** a snake bite on my heel.
뱀에게 발뒤꿈치를 물렸어요.

I think I slept funny. My shoulder **is** sore.
잠을 잘못 잔 것 같아. 어깨가 쑤시네

I can't **stop** throwing up.
계속 구토를 하게 되네.

**긴급 상황에**
## take & get

# take

긴급 상황에서 take는 주로 두 가지 의미로 쓰인다. 하나는 강도나 소매치기범이 나의 물건을 '가져갔다, 빼앗아갔다'라는 의미이다. 다른 하나는 약을 '먹다, 복용하다'라는 의미이다. 'take medication 약물을 복용하다'와 같이 쓴다.

**⊙ 취하다**

Someone **took** my passport!
누군가 제 여권을 가져갔어요!

Check his pockets. He **took** my cell phone!
그의 주머니를 확인해 보세요. 제 핸드폰을 가져갔어요!

**⊙ 복용하다**

Are you currently **taking** any medication?
현재 복용하고 계신 약 없나요?

I just **take** painkillers sometimes.
그냥 종종 진통제를 복용하고 있어요.

# get

'얻다'라는 뜻의 동사. 어떤 부상을 입게 되었을 때나 필요한 것을 얻고자 할 때 쓸 수 있다. 후자의 경우엔 'Can you get me some ~? ~를 좀 구해주실 수 있을까요?'처럼 목적어를 두 개 쓸 수도 있는데, 이때는 '구해다주다'의 의미로 쓰인 것이다.

**⊙ 얻다**

I'd like to **get** some nighttime cold medicine.
저녁 시간용 감기약을 좀 얻고 싶은데요.

I **got** a bad bee sting on my forehead.
벌에 이마를 호되게 쏘였어요.

**⊙ 구해다주다**

Can you **get** me the number?
저에게 그 전화번호를 구해줄 수 있나요?

You're bleeding. I'll **get** you a tissue.
너 피가 나. 화장지를 가져다줄게.

## Scene #1 — 여권 분실 때, 대사관!

A 누군가 제 여권을 가져갔어요!

How do I **get another one**?

B First, call your embassy. ● embassy 대사관

They can help you **get a replacement**. ● replacement 대체물

A 저에게 그 전화번호를 구해줄 수 있나요?

B Sure. Let me look it up online. ● look up ~을 찾아보다

해석
A Someone took my passport!
어떻게 하면 **하나 더** 얻을 수 있나요?
B 우선, 당신 대사관에 전화하세요.
그들이 **교체해서 쓸 것(=새 여권)을 얻도록** 도와줄 수 있어요.
A Can you get me the number?
B 물론이죠. 인터넷으로 찾아볼게요.

## Scene #2 — 으슬으슬 감기 기운…

A 저녁 시간용 감기약을 좀 얻고 싶은데요. ● ↔ daytime cold medicine
졸음 예방 감기약

B Are you currently **taking any medication**?

A 그냥 종종 진통제를 복용하고 있어요.

B How often do you **take them**?

A Maybe once a week?

B Alright, **take this as directed**. ● as directed 처방대로

해석
A I'd like to get some nighttime cold medicine.
B 현재 **복용하고 계신 약** 없나요?
A I just take painkillers sometimes.
B 얼마나 자주 **진통제 드시는데요?**
A 아마 일주일에 한 번요?
B 알겠어요, **이것을 지시된 대로(=처방대로) 복용하세요.**

# take 문장 훈련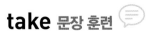

- **취하다**  take + 빼앗긴 물건
- **복용하다**  take + 약물

---

01  그냥 이 지갑 가져가시고 우리를 보내주세요.

↳ Just **take** this wallet and let us go.

　☑ 총기를 든 강도를 만났을 때 써야 할지도 모르는 표현!

.................................................................

02  누가 제 배낭에서 지갑을 가져갔어요.

↳ Someone **took** my wallet from my backpack.

.................................................................

03  전 'AllerGo'라는 약을 먹어야 해요. 제 가방에 하나 있어요.

↳ I need to **take** this pill called *AllerGo*.
　 I have one in my bag.

　☑ pill 알약  syrup 시럽  spray 스프레이
　☑ drug는 불법 약물을 나타낼 때 자주 쓰이므로 사용에 주의!

.................................................................

04  하루 한 번, 식사 후 이 알약들을 복용하세요.

↳ **Take** these pills once a day after a meal.

.................................................................

05  지금은 어떤 약도 복용하고 있지 않아요.

↳ I'm not **taking** any medicine now.

　☑ medicine = medication 약  over-the-counter 처방전 없이 살 수 있는

.................................................................

06  이 약 복용하는 중에 술 마셔도 되나요?

↳ Can I drink while **taking** this medication?

.................................................................

# get 문장 훈련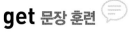

◑ **얻다** get + 물품, 증상
◑ **구해다주다** get + 누구 + 무엇

---

07 바르는 소염제 좀 얻을 수 있을까요?

↳ Can I **get** some **anti-inflammatory cream**?

➕ fever reducers 해열제  painkillers 진통제  antiseptics 상처 소독제
allergy relief pills 알레르기 완화제  decongestants 코 막힘 완화제

---

08 소화제를 좀 얻고 싶은데요.

↳ I'd like to **get** some **digestives**.

➕ antacids 제산제  anti-diarrheals 설사약  laxatives 변비약

---

09 저 무릎에 긁힌 상처가 났는데, 정말 아프네요.

↳ I **got** a scratch on my knee, and it's so painful.

➕ a paper cut 종이에 베임

---

10 뱀에게 발뒤꿈치를 물렸어요.

↳ I **got** a snake bite on my heel.

➕ a jellyfish sting 해파리에 쏘임

---

11 저에게 휴지 좀 구해다주실 수 있나요?

↳ Could you **get** me some toilet paper?

---

12 저 신고서 한 부 더 구해주실 수 있나요?

↳ Can you **get** me another copy of the report?

---

# have

430만번 ◼

앞서 '가지고 있다'라는 뜻으로 많이 배웠다. 필요한 물품이나 서비스가 있는지 물을 때 쓴다. 긴급 상황에선 어떤 증상을 '겪고 있다'라는 뜻으로도 자주 쓰인다. 'I am having a heart attack. 심장 발작이 왔어요.'와 같이 쓴다.

**◐ 겪다**

I **have** a bad sunburn on my back.
햇볕에 의한 화상을 등에 심하게 입었어요.

I am **having** an allergic reaction.
제가 알레르기 반응을 겪고 있어요.

You **have** no other symptoms, right?
다른 증상은 없죠, 그렇죠?

**◐ 가지고 있다**

Do you **have** anything for the pain?
통증에 쓸 거 없나요?

# be

1254만번 ◼

'어떠하다'라는 뜻의 동사. have와 함께, 통증이나 증상을 묘사할 때 유용하게 쓸 수 있는 동사이다. 'My shoulder is sore. 어깨가 쑤시네요., I'm allergic to ~에 알레르기가 있어요'와 같이 쓴다. 과거분사와도 종종 쓰이니 주의. ≫ DAY 34 참조

**◐ 어떠하다**

It **is** burning really badly.
정말 심하게 화끈거리네요.

My tongue **is** swollen, and my neck **is** all itchy.
혀가 부어오르고, 목이 온통 가렵네요.

What **are** you allergic to?
뭐에 알레르기가 있으신데요?

## Scene #3  선탠은 적당히…

**A** 등에 햇볕 화상을 심하게 입었어요. ⊙ sunburn 햇볕에 의한 화상

Do you **have anything for the pain**?

**B** You **have no other symptoms**, right? ⊙ symptom 증상

**A** No, but 정말 심하게 화끈거리네요.

**B** OK. Apply this aloe vera gel twice a day.

해석  A  I have a bad sunburn on my back.
통증에 쓸 거 없나요?
B  다른 증상은 없죠, 그렇죠?
A  네, 근데 it is burning really badly.
B  알겠어요. 이 알로에 베라 젤을 하루에 두 번 바르세요.

## Scene #4  알레르기가 도졌어…!

**A** Sorry, but it's urgent.

제가 알레르기 반응을 겪고 있어요. ⊙ allergic reaction 알레르기 반응

**B** Oh, **what are you allergic to?**

**A** Peanuts. 혀가 부어오르고, 목이 온통 가렵네요. ⊙ swollen 부어오른

**B** Oh, OK. I'll talk to the doctor right away.

해석  A  죄송하지만, 긴급해서요.
I am having an allergic reaction.
B  오, 뭐에 알레르기가 있으신데요?
A  땅콩이요. My tongue is swollen, and my neck is all itchy.
B  오, 알겠어요. 의사 선생님께 바로 얘기해볼게요.

# have 문장 훈련

❷ 겪다 have + 질병·증상
❷ 가지고 있다 have + 무엇

---

01 당신 발목을 삔 것 같네요.

↳ It looks like you **have** a sprained ankle.

➕ a cramp 쥐   lower back pain 허리 통증   a stiff neck 목 뻐근함

.................................................

02 목이 따갑고, 기침이 나고, 미열이 있어요.

↳ I **have** a sore throat, cough, and slight fever.

➕ the chills 오한   a runny nose 콧물 흐름   a stuffy nose 코 막힘

.................................................

03 손바닥에 깊이 베인 상처가 있어요.

↳ I **have** a deep cut on my palm.

➕ a sunburn 햇볕에 의한 화상   a wound (흉기에 의한) 상처   a rash 발진

.................................................

04 당신은 어떤 감염 징후도 없네요.

↳ You don't **have** any signs of infection.

.................................................

05 배탈 난 데에 쓸 거 없어요?

↳ Do you **have** anything for an upset stomach?

☑ upset 속이 불편한, 탈이 난

.................................................

06 알레르기 약 뭐라도 없는 거예요?

↳ Don't you **have** any allergy relief pills?

.................................................

# **be** 문장 훈련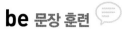

**◐ 어떠하다** be + 증상

---

07 잠을 잘못 잔 것 같아. 어깨가 쑤시네.

↳ I think I slept funny. My shoulder **is** sore.
  ☑ funny 이상하게, 기묘하게   sore (근육, 관절 등이) 쑤시는

08 딱지 뜯지 마세요. 피부가 쓰라릴 거예요.

↳ Don't pull off the scab. Your skin will **be** raw.
  ☑ scab (상처에 난) 딱지   raw (피부가) 벗겨지고 쓰라린

09 너무 매워. 지금 입술이 화끈거린다고.

↳ It's too spicy. Now my lips **are** burning.
  ☑ burning (타는 듯) 쓰리고 화끈거리는

10 어지럽고 시야가 온통 흐려요.

↳ I **am** dizzy and my vision **is** all blurry.

11 심한 햇볕 화상 때문에 등이 온통 가려워요.

↳ My back **is** all itchy from a bad sunburn.

12 잠깐만요. 그거 페니실린인가요? 저 알레르기 있어요.

↳ Wait. Is that penicillin? I **am** allergic to that.
  ☑ be allergic to ~에 알레르기가 있다

---

151

긴급 상황에
## be & get

## be

1254만번

DAY 33에서 '어떠하다'라는 뜻의 동사로 배웠다. 과거 분사와 쓰이면 '~됐다, ~당했다'라는 뜻의 수동태로 쓰인다. 환부나 증상을 묘사하는 것뿐 아니라, 'be attacked by ~에게 공격을 받다, be stolen 도둑을 맞다'와 같이 사건 사고를 묘사할 때도 자주 쓰인다.

**◎ ~당했다,**
**~됐다**

Now it's swollen and inflamed.
이제는 부어올랐고 염증이 생겼네요.

The wound **is** definitely infected.
상처가 확실히 감염됐네요.

It **was** just stolen.
그냥 도둑맞은 거예요.

## get

99.2만번

변하여 '(어떻게) 됐다'라는 뜻으로 쓰인다. be와는 달리, get은 어떤 변화나 사건이 '예상치 못하게' 일어났다는 뉘앙스가 있다. '~하게 하다'라는 뜻의 사역동사로도 쓰이는데, 'get one's wallet stolen 지갑을 도둑맞다'와 같이 어떤 상황에 '닥치게 하다'라는 뉘앙스이다.

**◎ 되다**

I just **got** injured here on my leg.
여기 제 다리에 막 부상을 입었어요.

I hope it doesn't **get** worse.
그게 더 악화되지 않길 바라요.

**◎ ~하게 하다**

I'll **get** it disinfected for you.
그것이 소독되게 해드릴게요(=소독해드릴게요).

I **got** my wallet stolen today.
오늘 제 지갑을 도둑맞게 됐어요(=도둑맞았어요).

## Scene #5  의사 선생님만 믿어요!

A 여기 제 다리에 막 부상을 입었어요.
  Now **it's swollen and inflamed**.

B The wound **is** definitely **infected**. ● infected 감염된
  그것을 소독해드릴게요.        cf. disinfected 소독된

A Thanks. I hope it doesn't **get worse**.

B It won't. Just **get this prescription filled**, too.

  ● get a prescription filled 처방전대로 약을 받다

해석
  A I just got injured here on my leg.
    이제는 부어올랐고 염증이 생겼어요.
  B 상처가 확실히 감염됐네요.
    I'll get it disinfected for you.
  A 고맙습니다. 그게 악화되지 않길 바라요.
  B 그러지는 않을 거예요. 그저 이 처방전대로 약 받으시고요.

## Scene #6  강도가 아니라 다행!

A 오늘 제 지갑을 도둑맞았어요.

B Oh, so you **got mugged** on the street? ● mugged 강도를 당한
         cf. stolen 도둑맞은

A No, officer. 그냥 도둑맞은 거예요.

B It's good that you didn't **get hurt**, then.
  So you want to file a police report? ● police report 조서

해석
  A I got my wallet stolen today.
  B 이런, 그럼 길에서 강도당한 거예요?
  A 아니요, 경관님. It was just stolen.
  B 그렇다면, **다치게 되지** 않아서 다행이네요.
    그래서 조서를 제출하기를 원하시나요?

# be 문장 훈련 💬

❯ ~당했다, ~됐다  be + 과거분사

---

01 제 전화기를 지하철에서 도둑맞은 것 같은데요.

↳ I think my phone **was** stolen on the subway.

---

02 거리에서 누군가에게 공격당했어요.

↳ I **was** attacked by someone on the street.

---

03 이 상처는 가능한 한 빨리 봉합되어야 해요.

↳ This wound should **be** stitched up ASAP.

☑ stitch (실밥으로) 꿰매다, 봉합하다
🆑 ASAP = as soon as possible 가능한 한 빠르게

---

04 여자 화장실에 있는 변기 하나가 막혔네요.

↳ A toilet in the women's restroom **is** clogged.

☑ clog (통로나 하수 등을) 막다, 막히게 하다

---

05 제 관광 일행에게서 따로 떨어지게 됐어요.

↳ I **am** separated from my tour group.

☑ separate 분리시키다

---

06 이거 다른 의사에 의해서도 진찰됐었나요?

↳ **Was** this looked at by another doctor?

---

# get 문장 훈련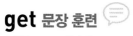

◐ **되다** get + ~하게 된
◐ **~하게 하다** get + 무엇 + ~되게

---

07 어떻게 발목이 삐게 됐나요?

↳ How did your ankle **get** sprained?

08 초밥을 먹고 난 뒤에 탈이 났어요.

↳ I **got** sick after I had sushi.

09 지난주에 손목이 다쳤어요. 윽, 지금은 아파 죽겠네요.

↳ My wrist **got** hurt last week.
Ugh, now it's killing me.
☑ ~ be killing me ~ 때문에 괴로워 죽겠다

10 이 찰과상을 가능한 한 빨리 치료해야 해요.

↳ You need to **get** this scratch treated ASAP.
➕ treated (증상이) 처치된, 치료된  *cf.* cured 병이 완전히 치유된

11 어디에서 제 어깨를 검진할 수 있을까요?

↳ Where can I **get** my shoulder checked?

12 먼저 제 다리 엑스레이를 찍어보고 싶은데요.

↳ I'd like to **get** my leg x-rayed first.
☑ x-ray 엑스레이를 찍다

155

**긴급 상황에**
## stop & need

## stop

12.1만번

'멈추다'라는 뜻의 동사. DAY 23에서 'stop -ing'를 '~하는 것을 멈추다'라는 뜻으로 쓸 수 있다고 배웠다. 긴급 상황에선 주로 출혈이나 통증이 '멈추지 않는다'라고 표현할 때 사용한다. 'can't[won't] stop bleeding 출혈이 멈추질 않는다'와 같이 쓴다.

**❷ 멈추다**

My finger won't **stop** bleeding.
제 손가락이 출혈이 멈추질 않아요.

My stomach won't **stop** hurting!
배가 아픈 게 멎질 않아!

I can't **stop** throwing up.
계속 구토를 하게 되네.

## need

27.6만번

'필요로 하다'라는 뜻의 동사. to부정사와 함께 '~해야 한다'라는 뜻으로 쓸 수도 있다. want나 would like과는 달리 '~가 꼭 좀 있어야만 한다, 꼭 ~해야만 한다'라는 절실한 뉘앙스가 있다. 때문에, 응급처치나 다급한 요구를 할 때 주로 사용하게 된다.

**❷ 꼭 ~해야 된다**

There's no **need** to panic.
겁에 질릴 필요 없어요.

I **need** to go to the restroom.
난 화장실에 가야만 해.

**❷ ~이 필요하다**

It looks like you **need** stitches.
몇 바늘 꿰매야 하겠는데요.

Don't you **need** this toilet paper?
이 휴지 필요하지 않니?

Scene **#7**  내 소중한 손가락!

**A** What brings you in today?  ⊙ What brings you in? 무슨 일로 오셨나요?

**B** 제 손가락이 출혈이 멈추질 않아요.

**A** It looks like you **need stitches**.

**B** Stitches? Over my dead body!  ⊙ 내 눈에 흙이 들어가기 전엔 안 돼!

**A** 겁에 질릴 필요 없어요. We can use numbing cream.

해석  A  오늘은 무슨 일로 오셨나요?
B  My finger won't stop bleeding.
A  **몇 바늘 꿰매야** 하겠는데요.
B  꿰맨다고요? 죽어도 안 돼요!
A  There's no need to panic. 마취 크림을 쓰면 되어요.

Scene **#8**  윽!! 급해!!

**A** My stomach **won't stop hurting**!
난 화장실에 가야만 해. Now.

**B** Oh, nature's calling?  ⊙ Nature calls. 대자연이 부른다. → 용변이 급하다.

이 휴지 필요하지 않니?

**A** Shut up and give it here!

**B** Don't forget to flush the toilet!  ⊙ flush (변기의) 물을 내리다

해석  A  배가 **아픈 게 멎질 않아**!
I need to go to the restroom. 당장.
B  이런, 용변이 급하구나?
Don't you need this toilet paper?
A  입 다물고 이리 내놔!
B  물 내리는 것 잊지 말고!

157

# stop 문장 훈련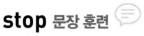

**● 멈추다** stop + -ing

---

01 제 딸꾹질이 멈추질 않아요. 뭘 해야 하죠?

↳ My hiccups won't **stop**. What should I do?

☑ hiccup 딸꾹질

..................................................

02 코에서 계속 콧물이 나요.

↳ My nose won't **stop** running.

..................................................

03 마침내 코피가 멈췄어요.

↳ My nose has finally **stopped** bleeding.

..................................................

04 에취! 워, 재채기를 멈출 수 없군.

↳ Achoo! Whoa, I can't **stop** sneezing.

☑ sneeze 재채기하다

..................................................

05 어젯밤 기침이 멎지를 않았어요.

↳ I couldn't **stop** coughing last night.

☑ cough 기침하다
☒ spit out phlegm 가래를 뱉다

..................................................

06 계속 코를 훌쩍이네. 그냥 코를 풀어야지.

↳ I can't **stop** sniffling. I'll just blow my nose.

☑ sniffle 코를 훌쩍거리다  blow *one's* nose 코를 풀다

..................................................

# need 문장 훈련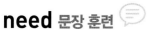

● **꼭 ~해야 된다** need to 동사
● **~이 필요하다** need + 무엇

---

07 당장 알레르기 약을 먹어야만 해요.

↳ I **need** to take my allergy medicine now.

---

08 지금 당장 진찰을 받아야 해요.

↳ I **need** to see a doctor right away.

➕ see a doctor 의사를 보다 → 진찰을 받다

---

09 제발요. 저희 대한민국 대사관에 전화 딱 한 통만 하면 돼요.

↳ Please. We **need** to make just one phone call to the Korean embassy.

➕ = Can we use[borrow] your phone? 저희가 당신 전화를 써도[빌려도] 될까요?

---

10 지금 정말로 남자 화장실을 써야겠어.

↳ I really **need** to use the men's room now.

➕ 화장실 표시: Occupied[In Use] 사용 중인 ↔ Vacant[Empty] 비어 있는

---

11 도와주세요! 우리 여기에 구급차가 필요해요!

↳ Help! We **need** an ambulance here!

---

12 제가 화장실 열쇠가 꼭 좀 필요한 것 같은데요.

↳ I think I **need** a key for the restroom.

---

## lose

'잃다'라는 뜻의 동사. 긴급 상황에서는 '잃어버리다', '길을 잃다'라는 두 가지 의미로 자주 쓰인다. 보통은 'I lost my passport. 제 여권을 잃어버렸는데요.', 'I got lost. 길을 잃었어.'와 같이 과거형, 과거분사형으로 쓴다. 참고로 'lost and found'는 '분실물 보관소'이다.

> **잃어버리다**

I **lost** my passport today.
오늘 제 여권을 잃어버렸는데요.

No one turned a passport into **lost** and found.
분실물 보관소에 여권을 갖다준 사람은 없었는데요.

> **길을 잃다**

I got **lost** from my tour group.
제 관광 일행으로부터 길을 잃었어요.

I think we are **lost** now.
우리 지금 길을 잃은 것 같아.

## call

'(누구에게) 전화하다'라는 뜻의 동사. 'call the police 경찰을 부르다, call an ambulance 앰뷸런스를 부르다'와 같이 쓰이기도 한다. 'just one phone call 전화 딱 한 통화, an international call 국제 전화'와 같이 명사로도 쓰인다.

> **～에게 전화하다**

Please **call** me if you find it.
만약 그걸 찾으신다면 전화 주세요.

Did you **call** your tour guide?
당신의 관광 가이드에게 전화했나요?

I'll **call** security, then.
제가 그럼 경비팀을 부를게요.

Scene **#9**   내 여권은 어디에?!

**A** 오늘 제 여권을 잃어버렸는데요.

Did I leave it here, by chance?   ⊙ by chance 혹시라도

**B** No one turned a passport into **lost and found**.   ⊙ turn ~ in(to)
~을 제출하다

**A** Well, 만약 그걸 찾으신다면 전화 주세요.

Here's my number.

해석
**A** I lost my passport today.
제가 그걸 혹시라도 여기 뒀을까요?
**B** 분실물 보관소에 여권을 갖다 준 사람은 없었는데요.
**A** 그럼, please call me if you find it.
여기 제 번호예요.

Scene **#10**   국제 미아? 안 돼!

**A** Help me, please.
제 관광 일행으로부터 길을 잃었어요.

**B** Oh, did you **call your tour guide**?

**A** Yea, but she didn't answer.

**B** Alright. 제가 그럼 경비팀을 부를게요.   ⊙ security 경비·보안팀

They'll make an announcement.

⊙ make an announcement 안내 방송을 하다

해석
**A** 저 좀 도와주세요. I got lost from my tour group.
**B** 오, 당신의 관광 가이드에게 전화했나요?
**A** 네, 하지만 전화를 안 받던데요.
**B** 좋아요. I'll call security, then.
그들이 안내 방송을 할 거예요.

# lose 문장 훈련

❯ **잃어버리다** lost + 무엇
❯ **길을 잃다** be[get] + lost

---

01 언제 어디에서 핸드폰을 잃어버리셨나요?

↳ When and where did you **lose** your phone?

02 제 모든 신용카드가 있는 지갑을 잃어버렸어요.

↳ I **lost** my wallet with all my credit cards.

03 죄송하지만, 저 여권을 잃어버린 것 같은데요.

↳ Sorry, but I think I **lost** my passport.

04 분실물 보관소를 확인해보면 좋을 거예요.

↳ You might want to check the **lost** and found.

　　❏ You might want to ~ 아마 ~하길 원할지도 몰라 → ~하는 게 좋을지도 몰라

05 어디인지도 모르는 곳에서 길을 잃었어요.

↳ I got **lost** in the middle of nowhere.

　　☑ nowhere 어디인지 모르는 외딴 곳
　　❏ in the middle of ~ 의 한가운데에서

06 호텔로 돌아가는 길에 길을 잃었어요.

↳ I got **lost** on my way back to the hotel.

　　❏ on *one's* way (back) to ~로 (돌아)가는 길에

---

162

# call 문장 훈련 💬

◐ ~에게 전화하다  call + 누구·어디

---

07  전 대한민국 대사관에 전화해야 해요.

↳ I need to **call** the Korean embassy.

---

08  제발 도와주세요! 구급차를 불러주세요!

↳ Help, please! **Call** an ambulance!

---

09  잠시만요. 제 여행사 직원에게 전화해 볼게요.

↳ Hold on. Let me **call** my travel agent.
☑ travel agent 여행사 직원

---

10  거기 당장 멈춰요! 그렇지 않으면 경찰을 부르겠어요!

↳ Stop right there! Or I'll **call** the police!

---

11  실례합니다, 선생님. 제가 짧게 국제 전화 좀 할 수 있을까요?

↳ Excuse me, sir. Could I make a quick
international **call**?

---

12  딱 한 통화면 충분할 거예요.

↳ Just one phone **call** would do.
☑ do 충분하다

---

긴급 상황에
## feel & think

# feel

27.5만번

'느끼다'라는 뜻의 동사. 'feel dizzy 멀미감이 있다, feel nauseous 구역감이 든다'와 같이, 불편감을 묘사할 때 유용하게 쓸 수 있다. 'feel like (-ing)'의 형태로 쓰면 '~할 것 같다'라는 뜻인데, 'feel like throwing up 토할 것 같다'와 같이 쓸 수 있다.

> ### ~하게 느끼다

I'm suddenly **feeling** very dizzy.
갑자기 굉장히 어지럽게 느껴져요.

Do you **feel** nauseous, too?
메스껍게 느껴지기도 하나요?

I **feel** like throwing up.
토할 것 같아요.

My arm **feels** weird.
제 팔이 느낌이 이상해요.

# think

77.2만번

'생각하다'라는 뜻의 동사. 앞서 '(제 생각엔) ~인 것 같은데요'라는 뉘앙스의 표현으로 계속 복습했다. 어떤 문제나 불편감을 토로해도 괜찮은 상황인지 잘 모르겠다면, 'I think ~'로 문장을 시작하여 말을 꺼내보자.

> ### 생각하다

I **think** you are airsick.
당신 비행기 멀미를 하는 것 같은데요.

I **think** something is wrong with my IV.
제 링거 주사가 뭔가 잘못된 것 같은데요.

I **think** you just need to rest.
그냥 좀 쉬셔야 할 것 같아요.

I **think** someone took my luggage.
누군가 제 짐을 가져간 것 같은데요.

## Scene #11 갑자기 떨미가…

A  Excuse me.

I'm suddenly **feeling very dizzy**.

B  메스껍게 느껴지기도 하나요? ◑ nauseous 메스꺼운

A  Yeah… I **feel like throwing up**.

B  Oh, 당신 비행기 멀미를 하는 것 같은데요. ◑ airsick 비행기 멀미를 하는

I'll get you some pills.

해석  A  실례합니다. 갑자기 굉장히 어지럽게 느껴져요.

B  Do you feel nauseous, too?

A  네… 토할 것 같아요.

B  오, I think you are airsick.
약 좀 가져다 드릴게요.

## Scene #12 주사 좀 잘 놔요…

A  Nurse! Nurse! In here!

B  What now, sir?

A  제 링거 주사가 뭔가 잘못된 것 같은데요. ◑ IV 링거 주사

My arm **feels weird**.

B  그냥 좀 쉬셔야 할 것 같아요.

Lay back and try to sleep tight.

◑ lay back 긴장을 풀다      ◑ sleep tight 잘 자다

해석  A  간호사 선생님! 간호사 선생님! 여기요!

B  이번엔 뭐예요, 선생님?

A  I think something is wrong with my IV.
제 팔이 느낌이 이상해요.

B  I think you just need to rest.
긴장을 풀고 잘 자려고 좀 해봐요.

# feel 문장 훈련

● **~하게 느끼다** feel + 증상, 불편감

---

01 아직도 어지럽고 핑핑 도는 느낌인가요?

↳ Do you still **feel** dizzy and lightheaded?

☑ lightheaded 핑핑 도는, 어지러운

................................................

02 속이 안 좋은 지 얼마나 되었나요?

↳ How long have you been **feeling** sick?

☑ feel sick 속이 안 좋다, 토할 것 같다

................................................

03 실은, 어제보다 훨씬 더 안 좋아진 기분이에요.

↳ Actually, I **feel** even worse than yesterday.

................................................

04 속이 거북하고 가스가 많이 찬 느낌이에요.

↳ My stomach is **feeling** bloated and gassy.

☑ bloated 거북한  gassy 가스가 많이 찬

................................................

05 도와주세요! 저 기절할 것 같아요...

↳ Help! I **feel** like fainting...

➕ faint (정신을 잃고) 기절하다  black out (필름이 끊기듯) 정신을 잃다
pass out (고통이나 피로로) 의식을 잃다  collapse (주저앉듯) 쓰러지다

................................................

06 나 방광이 터질 것 같다고(→엄청 급해)!

↳ I **feel** like my bladder is going to explode!

☑ bladder 방광  explode 폭발하다

................................................

# think 문장 훈련 💬

**○ 생각하다** think + 문장

---

07 다른 누군가가 제 카드를 사용한 것 같은데요.

↳ I **think** someone else used my card.

---

08 잠시도 더 기다릴 수 없을 거 같은데요.

↳ I don't **think** I can wait another second.

---

09 실수로 택시에 전화기를 두고 내린 것 같아요.

↳ I **think** I left my phone in a taxi by mistake.
☑ by mistake 실수로

---

10 저 잠시 누워 있어야 할 것 같아요.

↳ I **think** I need to lie down for a minute.
☑ lie down 눕다
➕ take a breather 한 숨 돌리다, 휴식을 취하다

---

11 오, 이런. 저 의식을 잃을 것 같아요.

↳ Oh, God. I **think** I'm going to pass out.

---

12 이 베인 상처 나아지고 있는 것 같지 않은데요.

↳ I don't **think** this cut is getting better.
☑ get well[better] 병이 호전되다, 차도가 있다
➕ get worse 악화되다

---

## 유용한 회화 표현 '시키는' 동사, 사역동사

남에게 무언가를 하도록 '시킬' 때가 있죠? 이럴 때 쓰는 동사가 바로 '사역동사'입니다. 가장 먼저 떠오르는 동사가 바로 make일 텐데요. 상대가 원치 않는 일을 '강요할 때' 사용됩니다. '마지못해 하는' 상황을 상상해보면 쉽습니다. 반면 get은 노골적인 강요보다는 상대를 '설득'하거나, 은근히 상황을 '몰아가서' 하게 한다는 뉘앙스가 있습니다.

Please, don't **make** me do this.
제발, 이렇게까지 하게 하진 마. >> 생활영어 편 DAY 02 참조

Jack **got** me to try some local foods.
잭이 내가 지역 음식을 조금 먹어보게 했어.

have는 '~하도록 하다'라는 뜻의 다소 중립적인 뉘앙스인데요. 그래서 공식적인 의무나 책임을 다하도록 할 때에는 have를 씁니다. let은 시킨다는 뉘앙스보다는 '허락해준다'라는 뉘앙스입니다.

The customs officer **had** me scan my fingerprints.
세관 공무원이 내 지문을 스캔하게 했어요.

Just take this wallet and **let** us go.
그냥 이 지갑 가져가시고 우리를 보내주세요.

**핵심 영문법을 빠르게 다지고 싶다면?**

지금 온라인 서점에서
[매일 10분 기초 영문법의 기적]을
만나보세요!

# 기초 동사 활용
# 한눈에 보기

**"여행영어"**
27개 동사로
마무리!

# be

**1254**만번 ◼

---

1 **어떠하다**      Our room **is** a little **cold**.
우리 방이 좀 춥네.

---

2 **되다**      I think I**'m locked out**.
방에 못 들어가게 된 것 같아요.

---

3 **있다**
**(There is,**      Here **is** my credit card.
**Here is)**      여기 제 신용카드요.

There **is** a laundromat nearby.
근처에 동전 세탁방이 있어요.

---

1 **어떠하다**      My knife **is** not clean.
제 나이프가 깨끗하지 않아요.

I think this chicken **is** undercooked.
이 닭고기 덜 익은 것 같은데요.

---

2 **무엇이다**      This **is** not what I ordered.
이건 제가 주문한 게 아니에요.

---

3 **있다**      Where **is** the restroom?
화장실은 어디에 있어요?

---

1 **있다**      It**'s** on the 13th floor.
13층에 있습니다.

---

2 **어떠하다,**      That**'s** a rip-off!
**무엇이다**      그거 바가지잖아요!

This **is** a buy-one-get-one item.
이건 원 플러스 원 품목이에요.

1  **있다**

There **is** a capsule hotel here as well.
이곳에 캡슐 호텔도 있습니다.

2  **무엇이다**

I think this **is** my seat.
여기 제 좌석인 것 같은데요.

3  **되다**

You **are** all checked in for Flight 138.
138번 항공기 탑승 수속이 모두 끝나셨습니다.

Chapter5  관광할 때                                         관광

1  **(~하는 게)
처음이다**

This **is** my first time to try Thai food.
태국 음식 먹어보는 건 처음이에요.

2  **~에 가는
길이다**

No thanks. I **am** on my way somewhere.
됐어요. 제가 어디 좀 가는 길이라서요.

3  **포함되어 있다**

The fee **is** included in admission.
요금은 입장료에 포함되어 있어요.

4  **사진 관련 표현**

I **am** kind of camera-shy.
제가 좀 사진 찍히는 걸 싫어해서요.

This angle **isn't** flattering.
이 각도는 잘 나오지가 않네.

Wow. You **are** very photogenic!
우와. 너 정말 사진발 잘 받는다!

Chapter6  긴급 상황에                                     긴급 상황

1  **어떠하다**

It **is** burning really badly.
정말 심하게 화끈거리네요.

I **am** allergic to peanuts.
저 땅콩에 알레르기 있어요.

2  **~당했다, ~됐다**

It **was** just stolen.
그냥 도둑맞은 거예요.

# get

 99.2만번 █

---

### Chapter1 숙박할 때

숙박

**1 얻다**

Can I **get** some extra towels?

수건을 좀 더 얻을 수 있을까요?

........................................

**2 ~하게 하다**

Would you **get** the AC fixed ASAP?

가능한 한 빨리 에어컨을 고쳐주실래요?

---

### Chapter2 먹고 마실 때

음식점

**1 구해다주다**

Can you **get** me another plate?

또 다른 접시를 구해다줄 수 있나요?

........................................

**2 얻다**

When will I **get** my order?

저는 주문한 음식을 언제쯤 받을까요?

........................................

**3 ~하게 하다**

Can I **get** this soda refilled?

이 탄산음료 리필할 수 있을까요?

Can I **get** my order to go?

제 주문, 포장으로 할 수 있을까요?

---

### Chapter3 쇼핑할 때

쇼핑

**1 얻다**

Can I **get** a cash discount?

현금 할인 받을 수 있나요?

........................................

**2 ~하게 하다**

Can I **get** these gift-wrapped together?

이것들 같이 선물 포장해주실 수 있을까요?

---

### Chapter4 이동할 때

교통

**1 이르다, 가다**

How do I **get** to the airport?

공항에는 어떻게 가지?

Can you **get** there by 5? I'm late!

5시까지 거기 가실 수 있나요? 늦었어요!

........................................

2 **움직이다**  Just **get** off at the City Center stop.
시티 센터 정거장에서 내리세요.

3 **얻다**  Can I **get** two tickets for it?
그거 표 두 장 얻을 수 있을까요?

4 **처하다,**
**맞닥뜨리다**  I just **got** a flat tire.
타이어가 막 펑크 났어요.

Don't park here. You'll **get** a ticket.
여기 주차하지 마세요. 딱지 떼요.

---

**Chapter5 관광할 때**  관광

1 **이르다, 가다**  Can I **get** there on foot, too?
거기 걸어서도 갈 수 있나요?

Can I **get** to the zoo by bus, too?
동물원에 버스로도 갈 수 있나요?

2 **얻다**  Where can I **get** a bus schedule?
버스 시간표는 어디서 얻을 수 있나요?

---

**Chapter6 긴급 상황에**  긴급 상황

1 **얻다**  I'd like to **get** some digestives.
소화제를 좀 얻고 싶은데요.

I **got** a snake bite on my heel.
발뒤꿈치를 뱀에게 물렸어요.

Can I **get** some fever reducers?
해열제 좀 얻을 수 있을까요?

2 **구해다주다**  Could you **get** me some toilet paper?
저에게 휴지 좀 구해다주실 수 있나요?

3 **되다**  I just **got** injured here on my leg.
여기 제 다리에 막 부상을 입었어요.

4 **~하게 하다**  I'd like to **get** my leg x-rayed.
제 다리 엑스레이를 찍어보고 싶은데요.

# like

18.2만번

---

**1　～하고 싶다**　　　I'd **like** to check in to my room.
방에 체크인하고 싶은데요.

I'd **like** you to keep my luggage.
제 짐을 맡아주셨으면 좋겠어요.

**2　원하다**　　　　　I'd **like** a room with an ocean view.
바다 전망의 객실을 원해요.

---

**1　(～하게) 원하다**　I would **like** my egg hard boiled.
제 계란은 완숙으로 삶아 주셨으면 좋겠네요.

**2　좋아하다**　　　　I don't **like** cilantro that much.
저는 고수 잎을 별로 좋아하지 않아요.

**3　～하고 싶다**　　Would you **like** to split the bill?
나눠서 계산하시겠어요?

---

**1　좋아하다**　　　　I **like** shirts without pockets.
전 주머니가 없는 셔츠가 좋은데요.

**2　～하고 싶다**　　I'd **like** to get a tax refund later.
나중에 세금 환급을 받고 싶은데요.

---

**1　～하고 싶다**　　I'd **like** to change my seat.
좌석을 바꾸고 싶은데요.

**2　원하다**　　　　　I'd **like** a car with good gas mileage.
연비가 좋은 차를 원해요.

1  **원하다**            Which tour option would you **like**?
                      어떤 관광 옵션을 원하시나요?

                      I'd **like** two tickets for tonight's show.
                      오늘 밤 공연 티켓을 두 장 얻고 싶은데요.

2  **~하고 싶다**        Would you **like** me to try again?
                      내가 다시 한 번 해봤으면 하니?

                      I'd **like** to change my itinerary a bit.
                      제 여행 일정표를 약간 바꾸고 싶어요.

# have

430만번 ◼

1  **가지고 있다**         Do you **have** Wi-Fi in the rooms?
                      방에 와이파이가 있나요?

                      We **have** some rooms available.
                      남는 방이 몇 개 있습니다.

1  **가지고 있다**         Do you **have** any vegetarian food?
                      혹시 채식 메뉴가 있나요?

                      Do you **have** a table for four?
                      네 명 자리 있나요?

2  **먹다**              I'll **have** the seafood combo.
                      해산물 세트 메뉴로 먹을게요.

                      Let me **have** a decaf coffee to go.
                      디카페인 커피 테이크아웃해서 마실게요.

### Chapter3 쇼핑할 때

1 **가지고 있다**

Do you **have** this product here?
여기 이 제품 있나요?

Do you **have** these shoes in size 9.5?
이 신발 9.5 사이즈로 있나요?

### Chapter4 이동할 때

1 **가지고 있다**

Do you **have** any morning flights to L.A.?
LA로 가는 오전 비행 편 없나요?

Hey! I **have** no space for my legs.
저기요! 저 다리 둘 공간이 없다고요.

### Chapter5 관광할 때

1 **가지고 있다**

Do you **have** a ticket?
표가 있으신가요?

Do you **have** this brochure in Korean?
이 안내 책자 한국어로 있나요?

### Chapter6 긴급 상황에

1 **겪다**

I am **having** an allergic reaction.
제가 알레르기 반응을 겪고 있어요.

I **have** a deep cut on my palm.
손바닥에 깊이 베인 상처가 있어요.

I **have** a slight fever.
미열이 좀 있어요.

2 **가지고 있다**

Do you **have** anything for the pain?
통증에 쓸 거 없나요?

Don't you **have** any allergy relief pills?
알레르기 약 뭐라도 없는 거예요?

# take

 67만번

---

Chapter4 **이동할 때**                                                      교통

1 **시간이 들다**          How long does it **take** by train?
                       기차로 얼마나 걸리나요?

                       It **takes** about an hour to get there.
                       그곳에 가려면 1시간 정도 걸립니다.

---

2 **(교통수단을)**        **Take** the shuttle to the terminal.
  **타다**               터미널로 가는 셔틀버스를 타.

---

3 **데려가다**            **Take** me to the nearest hospital.
                       저를 가장 가까운 병원으로 데려가 주세요.

                       Where are you **taking** us?
                       당신 우리를 어디로 데려가는 거예요?

---

Chapter5 **관광할 때**                                                     관광

1 **사진을 찍다**          Would you **take** a picture for us?
                       저희를 위해 사진 좀 찍어주실래요?

                       Let's just **take** another shot.
                       그냥 또 한 장 찍어보자.

---

Chapter6 **긴급 상황에**                                                   긴급 상황

1 **취하다**              He **took** my wallet from my pocket.
                       그가 제 주머니에서 지갑을 가져갔어요.

                       Just **take** this wallet and let us go.
                       그냥 이 지갑 가져가시고 우리를 보내주세요.

---

2 **복용하다**            I just **take** painkillers sometimes.
                       그냥 종종 진통제를 복용하고 있어요.

                       I need to **take** this pill right now.
                       지금 당장 이 약을 먹어야 해요.

---

# come

 62.8만번

---

1 (물건, 상품이)
   나오다

The fresh juice **comes** in a 1L jar.
생과일주스는 1리터 병에 담겨 나옵니다.

What does the steak **come** with?
스테이크는 무엇과 함께 나오나요?

---

2 오다

Shall I **come** back later or wait?
조금 이따 올까요 아니면 기다릴까요?

1 (물건, 상품이)
   나오다

Does it **come** with the belt?
그거 벨트하고 같이 나오는 거예요?

Does this **come** in black?
이거 검정색으로도 나오나요?

1 오다

I **came** to pick up my rental car.
제 렌터카 찾으러 왔는데요.

I just **came** for some sightseeing.
전 그냥 관광이나 좀 하러 온 겁니다.

1 (물건, 상품이)
   나오다

What does the package **come** with?
이 패키지는 무엇과 함께 나오나요?

---

2 (사진이)
   나오다

That photo didn't **come** out very well.
그 사진 잘 나오진 않았는걸.

You **came** out great in this photo!
이 사진에서 너 정말 잘 나왔다!

---

# look

 49.1만번

---

**1  ~하게 보이다**

The hotel gym **looked** quite nice!
호텔 헬스클럽이 꽤나 좋아 보였어!

**2  ~을 찾다**

We're **looking for** an inexpensive room.
저희는 비싸지 않은 방을 찾고 있어요.

I am **looking for** the front desk.
프런트를 찾고 있어요.

---

**1  ~을 찾다**

I'm **looking for** a tie for my husband.
남편을 위한 넥타이를 찾고 있어요.

I'm **looking for** the juniors department.
저 청소년복 매장을 찾고 있는데요.

**2  ~하게 보이다**

How does it **look**?
어때 보여요?

Does this hat **look** silly on me?
이 모자 내가 쓰면 바보같이 보이니?

You **look** amazing in that jacket.
그 재킷 입으시니 정말 멋져 보이세요.

---

**1  ~을 찾다**

I'm **looking for** the information desk.
안내 데스크를 찾고 있어요.

**2  ~하게 보이다**

You **look** so happy in this photo.
너 이 사진에서 정말 행복해 보인다.

Get out! This doesn't **look** like you.
설마! 이거 너처럼 안 보여.

---

# need

 27.6만번

---

1 **~이 필요하다**

I **need** some help with my luggage.
제 짐에 관해 도움이 좀 필요해요.

---

2 **꼭 ~해야 된다**

I **need** to get up early tomorrow.
전 꼭 내일 아침에 일찍 일어나야 해요.

I **need** to be at the airport by 4 p.m.
저는 꼭 4시까지 공항에 가야 해요.

---

1 **꼭 ~해야 된다**

I just **need** to see your passport.
손님 여권만 보면 됩니다.

---

2 **~이 필요하다**

I **need** extra legroom.
추가로 다리를 뻗을 공간이 필요해요.

Do you **need** a ride? Then, hop in!
태워줄까? 그럼, 올라 타!

---

1 **꼭 ~해야 된다**

I really **need** to use the men's room now.
지금 정말로 남자 화장실에 가야겠어.

I **need** to see a doctor right away.
지금 당장 진찰을 받아야 해요.

I **need** to take my allergy medicine now.
당장 알레르기 약을 먹어야만 해요.

---

2 **~이 필요하다**

Help! We **need** an ambulance here!
도와주세요! 우리 여기에 구급차가 필요해요!

It looks like you **need** stitches.
몇 바늘 꿰매야 하겠는데요.

---

# go

115만번

| | | |
|---|---|---|
| Chapter4 | **이동할 때** | 교통 |

1 **가다**

Does this train **go** to the airport?
이 기차 공항에 가나요?

Which line **goes** to Broadway Station?
어떤 지하철 노선이 브로드웨이 역에 가나요?

You need to **go** through customs.
세관을 거치셔야 합니다.

| | | |
|---|---|---|
| Chapter5 | **관광할 때** | 관광 |

1 **가다**

Bus 12 **goes** there.
12번 버스가 그곳에 가요.

2 **~하러 가다**

We're **going** on a local food tour.
저희 지역 음식 관광을 하러 가는데요.

Tourists usually **go** shopping there.
관광객들이 보통 그곳에 쇼핑하러 가요.

You should **go** to see Big Ben.
빅 벤을 꼭 보러 가셔야 해요.

# make

85.7만번

| | | |
|---|---|---|
| Chapter1 | **숙박할 때** | 숙박 |

1 **예약을 하다**
**(make a**
**reservation)**

I'll **make** a reservation for a single room.
1인용 방 하나를 예약하겠습니다.

I **made** a reservation with the name 'Tim'.
'팀'이라는 이름으로 예약을 했어요.

1 **예약을 하다 (make a reservation)**

I'd like to **make** a reservation for three.
세 명 자리 예약하고 싶은데요.

Did you **make** a reservation?
예약하셨나요?

2 **~하게 만들다**

Can you **make** it extra hot?
그것을 아주 맵게 해주실 수 있나요?

Could you **make** the leftovers to go?
남은 음식을 가지고 가게 해줄 수 있나요?

It looks delicious. **Make** it two.
그거 맛있어 보이네요. 그거 두 개 주세요.

# think

77.2만번

1 **생각하다**

I **think** my order is wrong.
제 주문이 잘못된 것 같은데요.

I **think** I'll try the new menu.
새로운 메뉴를 먹어볼까 봐요.

1 **생각하다**

I **think** these two look nice.
이 두 개가 괜찮아 보이는 것 같긴 한데요.

I was **thinking** of buying a tie.
넥타이를 하나 살까 했어요.

I **think** this gift set might suit you.
이 선물 세트가 괜찮으실 것 같은데요.

1  **생각하다**

> I **think** someone took my luggage.
> 누군가 제 짐을 가져간 것 같은데요.
>
> Oh, I **think** I'm going to pass out.
> 오, 저 의식을 잃을 것 같아요.
>
> I don't **think** this cut is getting better.
> 이 베인 상처 나아지고 있는 것 같지 않은데요.

# keep

 23.1만번

1  **계속 ~하다**

> Please, **keep** quiet here.
> 이곳에서는 조용히 해주세요.
>
> Please **keep** away from the artworks.
> 예술 작품에 가까이 가지 말아주세요.
>
> Staff only. Please, **keep** out.
> 직원 전용이에요. 출입하지 말아주세요.

2  **계속 ~하게 하다**

> Hey! **Keep** your hands off my bag!
> 이봐요! 내 가방에서 손 떼요!
>
> Kids, please! **Keep** your voices down.
> 얘들아, 제발! 목소리 좀 작게 해주렴.
>
> **Keep** your flash off in the museum.
> 박물관에서는 플래시를 꺼두세요.
>
> **Keep** your eyes on your children.
> 아이들에게서 눈 떼지 마세요.

# want

**51.4**만번

| Chapter2 **먹고 마실 때** | 음식점 |

1 **원하다**

I **wanted** my tea iced.
저는 제 차에 얼음이 있었으면 했는데요.

I **wanted** no meat in my taco.
제 타코에 고기가 없었으면 했는데요.

I **wanted** a table for four.
네 명 자리를 원했는데요.

I **wanted** my fries without salt.
저는 감자튀김에 소금 안 뿌렸으면 했는데요.

2 **~하고 싶다**

I **want** to change my order.
주문을 변경하고 싶어요.

I **wanna** grab a bite.
뭔가 좀 간단히 먹고 싶어.

I **want** to pay with these gift cards.
이 기프트 카드로 지불하고 싶어요.

# help

**21.6**만번

| Chapter3 **쇼핑할 때** | 쇼핑 |

1 **돕다**

Would you **help** me with this?
저 이것 좀 도와주시겠어요?

Of course. What can I **help** you with?
물론이죠. 무엇을 도와드릴까요?

May I **help** you with something?
제가 뭔가 도와드릴까요?

2 ~하도록 돕다

Can I **help** you find anything?
뭐 찾는 것 좀 도와드릴까요?

Could you **help** me pack these items?
이 물품들 포장하는 것 좀 도와주시겠어요?

Would you **help** me pick a gift?
선물 고르는 것 좀 도와주시겠어요?

I can **help** you order it online.
그거 온라인으로 주문하도록 도와드릴 순 있어요.

# lose

 13.4만번

1 잃어버리다

I **lost** my passport today.
오늘 제 여권을 잃어버렸는데요.

Let's check the **lost** and found.
분실물 보관소를 확인해보자.

When did you **lose** your phone?
언제 핸드폰을 잃어버리셨나요?

2 길을 잃다

I think we are **lost** now.
우리 지금 길을 잃은 것 같아.

I got **lost** in the middle of nowhere.
어디인지도 모르는 곳에서 길을 잃었어요.

I got **lost** from my tour group.
제 관광 일행으로부터 길을 잃었어요.

I got **lost** on my way back to the hotel.
호텔로 돌아가는 길에 길을 잃었어요.

# pay

 13.3만번 ◼

---

1 **지불하다**

I'm **paying** for this round!
이번 잔은 내가 낼게!

Do I have to **pay** in cash?
현금으로 지불해야 하나요?

Why don't we **pay** separately?
우리 각자 지불하는 게 어때?

I think I **paid** more than I needed to.
제가 지불해야 할 것보다 더 많이 낸 거 같은데요.

1 **지불하다**

I'll **pay** with this VISA card.
이 비자 카드로 지불할게요.

Can I **pay** in installments?
할부로 지불할 수 있나요?

I'll just **pay** for it all now.
그냥 지금 일시불할게요.

---

# stop

 12.1만번 ◼

---

1 **멈추다**

Can you **stop** at that crosswalk?
저 횡단보도에서 세워줄 수 있나요?

When do the subways **stop** running?
지하철은 언제 운행을 멈추나요?

1 **~하기를 멈추다**

My stomach won't **stop** hurting!
배가 아픈 게 멎질 않아!

Achoo! Whoa, I can't **stop** sneezing.
에취! 워, 재채기를 멈출 수 없군.

My nose has finally **stopped** bleeding.
마침내 코피가 멈췄어요.

---

# buy

10.1만번

Chapter3  쇼핑할 때  쇼핑

1 **(돈을 들여) 사다**

I **bought** this for almost nothing.
이거 거의 공짜로 샀어.

They were a bad impulse **buy**.
그것들은 좋지 않은 충동구매였어요.

These pens are '**buy** one, get one free'.
이 펜들 '원 플러스 원'이에요.

---

# see

66.3만번

Chapter5  관광할 때  관광

1 **보다**

I **see** the sign there.
저기 간판이 보이네요.

Go straight, and you'll **see** the hotel.
쭉 가세요, 그러면 호텔이 보일 거예요.

# put

**23.7**만번

1 **~에 두다**

Can I **put** my luggage in the trunk?
제 짐을 트렁크에 넣을 수 있을까요?

Do you mind if I **put** my seat back?
제가 의자를 뒤로 젖혀도 괜찮으실까요?

Let me **put** my bag away for you.
당신을 위해 제 가방을 치워드릴게요.

Please **put** this address into the GPS.
이 주소를 GPS에 입력해 주세요.

Would you **put** the window down?
차 창문 좀 내려줄래요?

# wait

**10.2**만번

1 **기다리다**

I have **waited** more than 5 hours!
다섯 시간 넘게 기다렸다고요!

We all are **waiting** in line.
저희 다 줄 서서 기다리는 중인데요.

Where should I **wait** for the ferry?
여객선을 어디에서 기다려야 하나요?

How much longer do we have to **wait**?
저희가 얼마나 더 기다려야 하나요?

# find

39.5만번

| Chapter4 **이동할 때** | 교통 |
|---|---|

1 **찾다**

I can't **find** my passport.
내 여권을 못 찾겠어.

I need to **find** my way to Gate 11.
11번 게이트로 가는 길을 찾아야 하는데요.

# stay

9.6만번

| Chapter1 **숙박할 때** | 숙박 |
|---|---|

1 **머무르다**

How long will you be **staying**?
얼마나 오래 머무실 건가요?

I am **staying** in the U.S. for five days.
저는 미국에 5일간 머물 것입니다.

I'd like to **stay** two more nights.
이틀 밤을 더 묵고 싶습니다.

# work

31.8만번

| Chapter1 **숙박할 때** | 숙박 |
|---|---|

1 **작동하다**

The air conditioner doesn't **work**.
에어컨이 작동하지 않아요.

Our hot water is not **working**.
저희 뜨거운 물이 나오질 않아요.

189

# call

 30.8만번

| Chapter6 긴급 상황에 | 긴급 상황 |
|---|---|

1  **~에게
전화하다**

Please **call** me if you find it.
만약 그걸 찾으신다면 전화 주세요.

I need to **call** the Korean embassy.
전 대한민국 대사관에 전화해야 해요.

Just one phone **call** would do.
딱 한 통화면 충분할 거예요.

---

# feel

 27.5만번

| Chapter6 긴급 상황에 | 긴급 상황 |
|---|---|

1  **~하게
느끼다**

I **feel** dizzy and lightheaded.
어지럽고 핑핑 도는 느낌이에요.

I **feel** like throwing up.
토할 것 같아요.

---

# tell

 38.8만번

| Chapter5 관광할 때 | 관광 |
|---|---|

1  **말해주다**

Could you **tell** me how to spell that?
그거 철자가 어떻게 되는지 알려주시겠어요?

Don't **tell** me the museum is closed.
설마 박물관이 문을 닫았다는 건 아니겠죠.

# try

29.4만번

1   **해보다**

**Try** this belt with it!
이 벨트를 그거랑 같이 입어보세요!

Can I **try** out this moisturizer?
이 수분 크림 써봐도 되나요?

You can only **try** on five shirts at once.
셔츠는 한 번에 다섯 벌까지만 입어보실 수 있어요.

27개 왕기초 동사로 가장 많이 쓰는
상황별 여행영어 표현 정복!

**매일 10분**
**기초 영어회화의 기적** -여행영어 편-
영어표현이 보이고
여행영어가 된다!

**초판 3쇄 발행**  2024년 2월

**저자**  키 영어학습방법연구소

**펴낸이**  김기중

**펴낸곳**  ㈜키출판사

**전화**  1644-8808  /  **팩스**  02)733-1595

**등록**  1980. 3. 19.(제16-32호)